추천한다는 자체가 책의 진가와 본질을 훼손하는 것 같다는 생각이 들게 하는 감동적인 글 모음이다. 순진하기만 했던 신앙의 유년기를 지나 모순된 교회의 현실에 눈뜨며 겪게 된 격렬한 반항과 회의와 울분으로 점철된 '신앙 사춘기'를 아프게 지나온 작가의 솔직 담백한 이야기가 읽는 이의 가슴에 깊은 울림과 공명을 불러일으킨다. 진지함과 해학이 적절히 섞여 있어 글 읽는 재미도 크다. 무엇보다 신앙의 회의에 빠져서 혹은 기존 교회에서 상처받고 실망하여 교회를 떠났지만 기독교 신앙 자체는 떠날 수 없어 외롭고 힘겹게 비슷한 여정을 걷는 이들에게 따스한 위로를 안겨 주는 길벗 역할을 한다.

박영돈

고려신학대학원 교의학 은퇴 교수, 작은목자들교회 목사

나는 아이러니가 등장하는 이야기가 좋다. 아니 더 정확하게 말하자면 삶에서 아이러니를 경험하는 이들의 이야기만을 신뢰한다. 자기 삶에서 모순과 역설을 경험하는 사람만이 단순한—그렇기에, 또 한 번 폭력이 되는—답을 함부로 남발하거나 강요하지 않기 때문이다. 내가 정신실 작가의 『신앙 사춘기』에서 제일 좋았던 것도 이렇게 솔직하고 용감하게 노출하는 자기 속 모순과 갈등이었다. 그렇기에 그의 비판은 단순한 냉소에 그치지 않고, '신앙 사춘기'를 심하게 겪는 이들이 지금의 시간을 부인하거나 부끄러워하는 대신 새롭게 보고 해석할 수 있는 언어와 공간을 제공한다. 영적 학대, 종교 중독, 교회 언어, 목회자, 기도 등 우리가 매일 한국 교회에서 부딪히는 문제들과 씨름한 이 글은 내게 '생생한 교회론', '희망을 주는 성령론'이었다.

신동주
CBS TV 프로듀서

신앙 사춘기

# 신앙 사춘기

신앙의 숲에서 길 잃은
그리스도인들에게

정신실

NEWS&JOY

차례

프롤로그　이름 붙이기　009

## 1부　종교 중독, 영적 학대에서 벗어나려면

1. 목사를 대적한 사람의 말로　019
2. 두 살 목사와 열 살 교인　029
3. 어느 종교 중독자　039
4. 종교 중독, 영적 학대에서 벗어나려면　051

## 2부　그러면 기도하지 말까

5. 영적 비신자, 종교적 신자　065
6. 그러면 기도하지 말까　077
7. 착한 나쁜 그리스도인　089
8. 그러면 착하게 살지 말까　101

3부  거룩한 소명의 뒤안길

      9. 밥벌이'로써'의 목회  119
      10. 건강한 교회, 아픈 사람들  133
      11. 사모, 아프거나 미치거나  151

에필로그    신앙 사춘기를 넘어  161
부록 1      정 작가의 독서 여정  171
부록 2      나는 왜 목회를 그만두는가  187

프롤로그

## 이름 붙이기

"짜증 나" "새수 없이", 아이들의 사춘기는 그렇게 왔다. 맥락 없이 튀어나오는 생소한 언어와 함께 왔다. 맥락 없다는 것은 상황의 흐름에 맞지 않는다는 뜻이고, 여태 보아 온 (아니, 내 손으로 키워 온) 아이 입에서 나올 법하지 않은 말이라는 뜻이다. 세상 예쁜 말만 골라 하던 아이, 배려와 존중을 타고난 듯 보이던 아이였다. 그 아이가 존재해 온 맥락에서는 상상하기 어려운 말이 나오고 눈빛이 어른거리니 당황스러웠다. 머리 모양, 옷매무새 하나까지 지나치다 싶을 정도로 신경 쓰는가 하면 어떤 말이나 태도는 제 혼자 사는 세상인 듯 제멋대로다. 길 가는 모든 사람의 시선을 의식하는 듯 긴장하는가 하면, 갑자기 무례한 표현을 거침없이 내뱉고도 반성은 없다. 지나친 사회적 존재이거나 극단적으로 반사회적 인간이다. 기본적으로 방어적이거나 냉소적이어서 말 한마디를 곱게 듣는 법이 없다. 세상 모든 것이 못마땅하다는 표정이다. 이것은 인격의 코페르니쿠스적 전회이다. 이해 불가한 이 시기를 지칭할 용어가 있어서 얼마나 다행인가.

세계 3대 판타지소설로 불리는 '어스시 전집' 1권에서 본 마법의 본질을 떠올린다.• 마법이란 사물의 진정한 이름을 깨우치는 것으로 이루어진다. 위대한 힘을 지닌 마법사와 현자들은 대상의 본질을 꿰뚫는 단 하나의 이름을 알아내는 데 전 생애를 바친다. 이름을 안다는 것은 이름을 제압하는 힘을 가지는 것과 같은 의미이기 때문이다. 본질을 꿰뚫거나 제압하는 것까지는 모르겠지만 이름 붙이기가 주는 힘은 분명하다. '사춘기, 질풍노도의 시기라잖아. 뇌가 뒤집어지는 시기래.' 일단 위안이 된다. '알 수 없음'의 초조함에서 한발 빠져나올 여유가 생긴다.

아이의 마음, 아이의 사춘기만 그런 게 아니다. 실은 정직하게 들여다본 내 마음이 그랬다. 사춘기 아들의 질풍노도 못지않다. 대놓고 "짜증 나" "재수 없어"를 내뱉지는 못하지만, 온갖 방법으로 냉소하고 반항하며 아무데나 침 뱉고 다니는

• 어슐러 르 귄, 『어스시의 마법사』, 황금가지, 79쪽

중2가 내 안에 있었다. 짧게는 5년, 길게는 10년 넘게 '사춘기'라는 이름 외에는 설명할 언어가 없는 상태이다. 냉소와 반항의 대상이 목사, 교회, 신앙생활 같은 것이니 '신앙' 사춘기라는 말이 딱이겠다.

교회의 딸로 태어나, 교회 여자로 자란 나다. "나는 주의 화원에 어린 백합꽃이니 은혜 비를 머금고 고이 자라납니다. 주의 은혜 감사해 나는 무엇 드리리. 사랑하는 예수님 나의 향기 받으소서." 어릴 적 부르던 이 찬송의 어린 백합꽃은 그냥 나였다. 그렇게 동일시했다. '은혜 비'는 순종하고 그 대가로 받는 인정과 칭찬이었다. 시험 기간과 교회 '문학의 밤' 행사가 겹치면 시험을 버리고 문학의 밤 준비에 올인했고, 주일 끼어서 가는 수학여행은 두 번도 생각하지 않고 포기했다. 주일에 출근하라는 직장은 사표를 쓰고 나왔다. 토요일엔 교회로 퇴근해 주보를 만들고, 밤늦도록 청년부 활동을 했다. 주일엔 다시 새벽같이 교회로 가 어린이 성가대를 지휘하고, 주일학교 봉사를 하고, 제자 훈련을 하고, 또 뭘 하고, 또 하고, 하고, 하고, 또 순종했다.

돌연 신앙 사춘기가 찾아왔을 때 나는 어린 백합을 자처했던 나 자신이 부끄러웠다. 부모와 교회의 기대에 부응하여 예쁜 짓 하는 백합 따위는 뽑아 내동댕이치고 싶었다. 어제의 나와 싸우다 보니 어제의 나처럼 구는 사람은 다 싫었다. 은혜, 순종, 감사, 응답, 간증. 이런 두 글자 말들이 역겨웠다. 한마디로 짜증 나고 재수 없었으니, 진짜 정말 제대로 사춘기. 무엇보다 누구보다 위선적인 목사가 싫었다. 믿고 존경했던 목사의 이면을 확인한 순간이 있었다. 그분이 달라졌는지 내 눈이 달라졌는지, 추락하는 존경심엔 날개가 없었다. 그 이후로 멀쩡해 보이던 사람이 '목사'라는 걸 알게 되면 '어쩐지 사기꾼 냄새가 나더라니' 했다. 나도 모르게 그랬다. 내 인생 가장 사랑하는 남자 셋(남편, 아버지, 동생)이 목사였고, 그들이 목사라서 괴로웠다. 모기 물린 발바닥을 긁을 수도 긁지 않을 수도 없는 심경이었다. 간지럼을 참을 것인가, 가려움을 견딜 것인가. 목사를 혐오할 것인가, 연민할 것인가.

뭣 모르고 사춘기에 돌입한 아이처럼 좌충우돌했다. 처음엔 그랬다. 그 처음이 언제인지는 모르겠지만. 남편이 늦게 목사가 되어 '목사의 아내'라는 옷을 입게 된 때였던가. 그보다 훨씬 전이었던 것도 같고. 까칠한 내 성격이 문제인가 아니면 그야말로 성령이 떠나신 것인가. 시작과 끝을 알 수 없는 상태에 어느 순간 의식적으로 이름을 붙여 보았다. 신앙 사춘기. 그러고 나니 또래 사춘기 친구가 보이기 시작했다. 평생 섬긴 교회를 떠나와(혹은 버림받아) 마음 둘 곳 없으신 70대 권사님부터, 좋은 교회 찾아 주일마다 낯선 예배를 오가는 중년의 친구들, 세상보다 500년은 뒤진 교회의 가르침에

환멸을 느껴 자체 방학 중인 청년들. 떠나온 곳은 있지만 갈 곳은 모르는 바가 비슷했다. 겉은 분노로 뜨겁고 안은 냉소로 차가운 채로 분열감에 휩싸인 것도.

이 책은 신앙 사춘기라 이름 붙이고 돌아본 '나'의 이야기 그리고 나와 비슷한 이들의 이야기이다. 엄밀하게 말하면 다른 '나들'을 빙자한 나의 고백이다. 수년 동안 말하지 못했다. 겉으로는 교회 생활과 일상을 멀쩡하게 유지해 왔다. 내적으론 고통과 혼란이 말할 수 없이 컸다. 말하지 못했던 이유는 '말할 수 없이 큰' 고통의 크기가 아니라, 들어줄 사람이 있겠나 싶은 두려움 때문이었다. 사모의 이야기, 특히 교회 가기 싫어하는 사모 이야기를 이해하고 공감해 줄 사람이 누가 있겠는가.

신앙 사춘기 연재를 시작할 즈음에도 여전히 그 두려움을 품고 있었다.● 한 회 두 회 독자에게 가닿은 글이 쌓여 가며 돌아온 반응은 예상과 달랐다. 어떤 독자는 깊은 공감을, 심지어 과도한 공감을 해 주셨다. 그럴 땐 또 다른 우려로 마음이 무거워졌다. 나의 여정을 일반화하여 받아들이는 건 아닐까. 이래도 걱정 저래도 걱정! 이것은 내 오랜 지병이다. 내 이야기

---

● 이 책은 개신교 인터넷 언론 <뉴스앤조이>에 2018년 7월부터 11월까지 열 차례 연재한 글에 살을 조금 더 붙이고 다듬어 엮은 산물이다.

를 꺼내 놓고 널리 읽히기를 바라면서 한편으론 부끄러워 숨기고 싶은 양가감정 역시 비슷한 병상(病狀)이다. "나 자신의 이야기는 당신의 고유한 분별 방식을 더 선명히 보도록 도와줄 것"이라는 로즈 메리 도허티(Rose Mary Dougherty) 수녀님의 말에 힘입어 나도 믿음 또는 소망을 가져 본다.• 신앙 사춘기에 대한 내 단상이 독자 여러분 자신의 (고유하며 유일무이하기에 외롭고 고독할) 신앙 여정을 더 선명하게 비추는 거울이 되기를.

아내의 신앙 사춘기를 묵묵히 견뎌 준 남편 덕에 이 책이 태어났다. '사모'인 내 신앙의 치부를 드러내는 이 작업이 목사인 남편에게는 당사자 못지않은 부담이었을 텐데, 그는 기꺼이 감내해 주었다. 그뿐 아니라 때때로 내가 던지는 분노의 화살 맞기를 자처하였다. 또한 내게 목사 아내라는 굴레를 씌우지 않기 위해 밖에서 날아오는 불의하고 부당한 화살 역시 기꺼이 받아 내었으며 때로 저항했다. 남편 김종필, 목사 김종필에게 미안하고 고마운 마음을 전한다.

• 로즈 메리 도허티, 『분별』, 한국샬렘, 125쪽

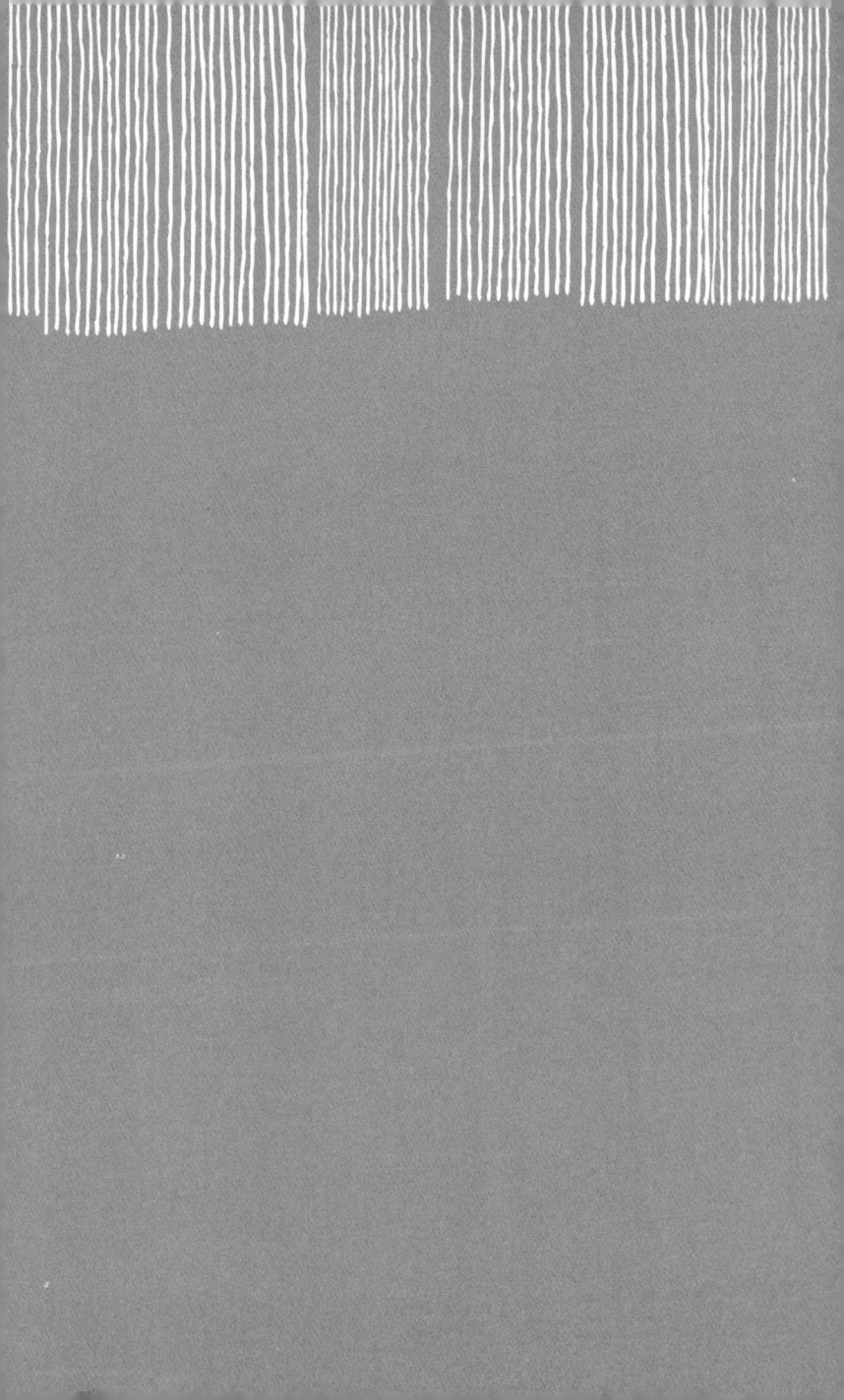

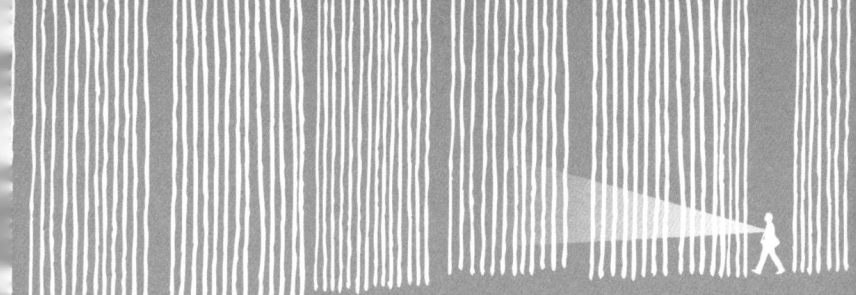

1부

종교 중독,
영적 학대에서
벗어나려면

# 1

## 목사를 대적한 사람의 말로

교회와 신잉이 아니면 버틸 수 없는 생을 살아오신 권사님을 알고 있다. 어느 집 툇마루에서 시작한 교회가 대형 교회로 성장하기까지의 40년은 그분의 인생이기도 하다. 기도와 전도와 교회 봉사는 전쟁 같은 일상을 견디는 힘이었다. 그 세월 동안 삶은 윤택해졌고, 자녀들은 잘 자랐으며, 교회 또한 지역에서 가장 큰 교회가 되었다. 환갑을 지낸 노년은 힘쓰고 애쓸 것이 없으셨다.

개척 초기부터 함께했던 담임목사는 예배당이 커지고 강대상이 높아진 만큼 먼 존재가 되어 갔다. 그만큼 큰 힘이 생겼다는 뜻이기도 할 것이다. 어느 날 믿을 수 없는 일이 생겼으니, 담임목사의 헌금 횡령 사실이 드러났다. 일의 진상을 밝히려는 시도가 있었고, 분쟁이 시작되었다. 권사님은 목사를 대적하는 편에 서게 되었다. 그다음은 흔한 교회 문제의 시나리오대로 흘러갔다. 두렵고 지루한 싸움, 아니 계란으로 바위를 치는 저항의 시간이 몇 년이나 흘렀다. 개혁을 원하는 교인의 수는 적었고 힘이 없었으며, 무엇보다 소송을 감당할 돈이 없었다. 모든 소송에서 이긴 담임목사는 '이김 주신 하나님'을 찬양하며 개가를 불렀고, 교회를 '흔들던' 세력은 뿔뿔이 흩어졌다. 권사님 역시 40여 년 삶을 바친 교회를 떠나오셨다.

그렇게 교회를 떠나오신 지 수년이 지났다. 그러나 권사님의 마음에서 교회 사태는 여전히 현재진행형이었다. 대화가 그쪽으로 가면 이내 표정과 목소리에 분노에 찬 힘이 느껴졌다. 그런데 이날은 평소와 느낌이 달랐다. 할 듯 말 듯 하다 어렵사리 꺼내신 말씀은 이렇다. 교회를 떠나고 몇 년 후 남편을 먼저 천국으로 보냈다. 충격이 컸지만 그나마 몸과 마음을 많이 추스르신 시점이었다. 그 어간에 두고 온 교회 사람들이 이 일을 두고 수군거리는 얘기를 들으신 것이다. 흔한 프레임. "목사를 대적한 벌을 받았다!" 그 말을 전하던 권사님에게선 평소의 그 분노에 찬 에너지를 찾아볼 수 없었다. 오히려 두려워 떠는 어린아이 같은 모습이었다. 교회 사태 당시 목사에게 반기를 들었던 사람들 선두에 서신 분은 개척 멤버였던 80대

장로님이었다. 장로님 역시 그사이 노환으로 세상을 떠났는데, 장로님을 포함해 연루된 사람들의 불행이 한데 엮여서 '주의 종에게 맞서면…' 신화로 유포되고 있었던 것이다.

교회 사태를 겪으며 권사님과 함께하셨던 분들의 신학적 의식 수준은 급격하게 높아졌다. 돈과 권력에 중독되어 인간적 상식마저 잃어버린 목사의 민낯을 보았으니 어찌 그리되지 않겠는가. 목회자의 영적 능력이 허울 좋은 말임을 누구보다 잘 아신다. 목사를 대적하니 벌을 받았다는 말 또한 허무맹랑함을 모를 리 없건만, 앎의 힘은 두려움이라는 본능을 이기지 못하고 있었다. 이 글은, 바르르 떨리던 입술과 힘을 잃고 작아진 권사님의 어깨가 마음에서 떠나지 않아 쓰기 시작한 것이다.

(주님, 보호하고 돌봐야 할 교인들을 실망시키고 삶과 신앙을 뿌리째 흔들어 놓은 것으로도 모자라 그들의 고통을 빌미 삼아 영적 학대를 가하는 거짓 목자들입니다. 이들을 그냥 두지 마소서!)

어쩌자고 하나님은 뒷짐 지며 바라만 보시는 걸까. 아니, 그들의 번영을 도우시는 것은 아닐까 하는 의심마저 든다. 더욱 화려한 예배당을 지어 감동의 입당 예배를 하고, 풍악을 울리며 세습식을 거행한다. 어떤 목사는 회개와 셀프 용서를 선보이며 이전보다 더 그럴듯한 캐릭터로 변장하여 승승장구하고 있다. 목사의 범죄, 범죄 방조의 흔적은 지워지고 교회는 날로 흥왕해 간다. 인근에 아파트 재개발이 되어 교인이 구름 떼처럼 밀려온단다. 우리 목사님, 우리 목사님 하며 진실에 눈감았던 교인들 역시 보란 듯 사업이 번창하고, 자녀들이 대기업에 들어가고 하나님의 은혜라며 소셜 미디어에 간증을 한다. 예배의 자리를 빼앗긴 교인들은 눈물 흘리며 '마당 예배'를 드린다. 신천지로, 꽃뱀으로 몰려 고소·고발당하고 분노와 슬픔으로 잠 못 이루는 밤을 지내던 사람들은 허공을 바라본다. 범죄자이며 범죄 방조자인 그들이 별일 없이 살고 있다는 사실 자체가 끝나지 않을 것 같은 폭력이다.

    권사님의 치열한 시간과 견줄 것은 아니지만, 다니던 교회를 떠나와 갈 곳 없는 신세가 된 이가 한둘이 아니다. 대대적인 분쟁을 겪은 것도 아니고, 믿음이 약해진 것도 아니며 딱히 결심한 바도 없지만 어쩌다 '가나안 교인'이 된 벗들이 있다. 사연은 제각각이다. 더는 들을 수 없는 위선적이거나 저급한 복(福)팔이 설교, 독재 목회, 혼자 알게 된 목회자의 비리, 목회자 인격의 치명적 결함 등. 때로는 기도로 날선 비판으로 끈질긴 설득으로 극복하고자 애써 봤지만 '소용없음의 도(道)'만 깨달았다. 감동 없는 예배, 아니 분노를 유발하는 예배에 더는 앉아 있을 수 없어서 제 발로 걸어 나와 밟은 땅이 가나안(교회 '안 나가!')이다. 사랑하지 않으면 분노할 이유가 없고, 기대가 없다면 실망할 것도 없다. 한때 누구보다 뜨겁게 교회를 사랑하고, 기꺼이 희생하며, 즐겁게 봉사하던 추억을 간직한 사람들이다. 이 교회 저 교회 떠돌며 쓸쓸한 신앙 여정을 걷고 있는 벗들 역시 '별일 없이' 잘 굴러가는 그 교회로 인해 자꾸 마음을 베인다. 싫으면서도 자꾸 들어가 보는 교회 홈페이지에서 본 환한 웃음의 행사 사진에 마음이 쓰리다.

목사를 대적한 사람이 받는 저주에 한없이 작아 보이던 권사님은 그저 두려움에 떠는 어린아이 같았다. 무력한 어린아이. 학대받은 아이의 무력하고 슬픈 모습이 어른거렸다. 학대는 어른과 아이, 강자와 약자 사이에서 일어난다. 절대 약자인 피해자는 학대에서 오는 고통을 대면할 힘이 없기 때문에 '공격자와의 동일시'라는 심리 기제가 발동한다고 한다. 권력과 힘을 가진 가해자와 자신을 동일시하여 스스로를 공격하는 마음이 되는 것이다. 가해자를 좋은 사람으로 각색하고 그 죄를 스스로 뒤집어쓴다. '우리 부모님 좋은 분이야', '이게 다 나를 사랑해서 그러시는 거지', '내가 맞을 짓을 해서 그래', '나는 나쁜 아이야' 하며 수치심을 내면화한다. 바로 그 수치심을 자극하여 통제하고 조종하는 것이 악한 종교 지도자들의 무기이다. 학대 생존자가 어른이 되어 강해지더라도 스스로 학대 관계에서 벗어나지 못하는 이유는 깊이 내면화한 학대자의 목소리 때문이다. 무엇이 잘못되었는지 머리로는 분명하게 알지만 머리보다 먼저 반응하는 것이 수치심이고 몸에 새겨진 두려움이다.

"목사를 대적하면 저주받는다." 이것은 영적 학대이다. 『신앙, 집착에서 참열정으로』(생활성서사)의 저자 린 형제는 영적 학대를 이렇게 설명한다. 정서적 학대는 두 살 아이에게 열 살 아이처럼 행동하도록 기대하거나 열 살 아이에게 두 살 아이처럼 계속 의존하도록 하는 것이다. 이처럼, 영적 학대는 아직 준비되지 않은 이들에게 믿음의 높은 발달 단계를 주입하거나 혹은 그들이 도달한 첫 단계에 계속 머물게 하는 것이다.•

날카로운 비판 의식으로 무장하고 당당하게 가나안 교인의 길을 선택한 벗의 얼굴에 드리운 그림자 역시 영적 학대의 흔적이다. 문제의식을 가지고 개선을 위해 애쓸 때 교회 안에서 흔히 돌아오는 반응은 "은혜로!"이다. (열 살 아이의 목소리를 틀어막고 두 살로 평준화하는 방식 아닌가!) 이런 태도가 온당치 않음을 모르는 바도 아니다. 의식적으론 얼마든지 비판하고 맞설 수 있지만 수없이 들어 내면화한 소리가

---

• 마태오 린, 쉐일라 파브리칸트 린, 데니스 린, 『신앙, 집착에서 참열정으로』, 생활성서사, 31쪽

'내 탓'을 한다.

> '목사의 문제가 아니라 내 문제일지 모르지. 다른 사람들은 잘 견디고 있으니까. 내가 까칠하긴 하지. 사랑이 부족하고 순종할 줄 모르는 내 문제야!'

은밀하게 커졌다 작아졌다 하는 자기 비난의 목소리는 역시나 학대받은 자의 가해자 죄 뒤집어쓰기에 가깝다. 목사의 비리를, 인간적인 약점을 알게 되었다는 이유로 공동체로부터 떨어져 나와 외롭게 노마드 신앙 여정을 걷고 있는 사람들에게도 좋았던 시절이 있었다. 디 없는 순수함으로 목사님을 존경하고, 그를 지지하고 인정받으며 자긍심을 느끼던 교회 생활 말이다. 참 좋았는데, 그 시절을 마음 편히 추억하지도 못하는 오늘은 목사를 대적한 죄의 결과란 말인가. 차라리 몰랐다면, 어리석은 듯 순진한 어린아이로 남아 모(母)교회라는 그 안전한 곳에서 보호받을 수 있었다면.

안 된다. 열 살이 된 아이는 열한 살, 열두 살로 자라 가야 한다. 안전하고 안정적이라는 이유로 자라지 못하는 학대의 자리에 더 머물러 있어서는 안 된다. 평화학자 정희진은 안다는 것은 상처받는 일이라고 했다. 결정적으로 중요한 사실을 알게 되었다는 것은 무지 때문에 보호받아 온 자신의 삶에 대한 부끄러움, 사회에 대한 분노, 소통의 절망으로 상처받을 수밖에 없는 일이라고 한다.• 하지만 상처를 피할 수 없는 그 앎이 우리를 성장의 길로 이끄는 것 또한 분명하다. 아는 것이 힘이고, 모르는 게 약이다. 모르고 싶은 그 일을 더는 모르지 않는 지경에 이른 사람들에겐 다른 길이 없다. 알기 이전으로 되돌아갈 방법은 없다. 그 앎을 동력 삼아 앞으로 나아가는 것이다. 잘 닦인 길, 이정표가 보이는 길은 아닐 것이다. 이전 신앙생활의 기쁨은 다시 회복할 수 없을지도 모른다. 그 상실감의 숲을 헤치고 찾아야 할 길일 것이다. 아무 일 없이 잘 사는 이들과 잘나가는 교회를 보면서 때로 분노와 울분을 삼키고 내디뎌야 할 발걸음이다. 악인의 길을 형통케 하시는 하나님을 마주하고 믿음의 지반이 흔들리는 곳에 마냥 서 있어야 할 수도 있다. 하지만 이것이 바로 성장하는 여정이다. 스캇 펙(Scott Peck)의 책 제목처럼 '끝나지 않은 길', '아직도 가야 할 길'이다. 학대받던 아이에서 건강한 어른으로 가는 조금 먼 여행이 시작된 것일 수도 있다. 모호함과 역설을 견디는 존재인 어른 말이다.

빼앗기고 상처받아 수치스러운 사람들은 다음에 좋은 것이 또 나타나리라는 사실을 결코 믿지 못한다고 한다. 이제야

• 정희진, 『페미니즘의 도전』, 교양인, 22쪽

말로 믿음, 소망, 사랑이 필요한 때인지 모른다. 토머스 그린(Thomas Green) 신부의 말처럼 어두움은 그만저만한 사랑에서 진심으로 사랑하는 경지로 우리를 이끌어 간다. 정직한 절망을 통과하지 않은 희망은 환상일 뿐이다. 정직한 절망은 아프다. 한때 존경했던 영적 지도자와 교회에 대한 절망으로 손상된 믿음은 '그저' 믿는 데서 진심으로 믿는 경지로 우리를 이끌어 갈 것이다. 환상 대신 소망을 향해 가는 통과의례가 될 수 있다. 교회를 떠나오며(쫓겨나며) 겪은 모욕감은 트라우마가 되어 오래도록 고통의 흔적을 남길지 모른다. 상담 치료를 받아야 할 수도 있고, 수면제 없이 잠들지 못하는 밤을 보내야 할지도 모른다. 그러나 이 고통의 밤들은 두려워서 복종하던 신앙에서 사랑하여 내어 맡기는 깊은 영성의 새벽에 닿을 것이다. 사랑은 신앙 여정의 궁극적인 시작과 끝이다. 목사를 대적한 자들은 사랑의 상처로 만신창이▲가 된 사람들이다. 그들의 결국은 더 깊은 사랑과 성장을 위해 한 발 내딛는 걸음이어야 한다. 휘청거리며 아픈 걸음일지라도 주저앉지 말고 용기 있게 걸어야 한다. 회개는커녕 더욱 의기양양한 그 목사와 그에게 어떤 벌도 내리지 않는 하나님을 향한 의문이 당장 해소되지 않더라도, 포기하지 말고 걸어야 한다. 온갖

▲ 토머스 H. 그린 『하느님과 얼굴을 맞대고』, 바오로딸, 128쪽

부조리를 짊어지고 누명을 뒤집어쓰고 내딛으신 골고다의 한 걸음 또한 그러하지 않았던가.

## 2

### 두 살 목사와 열 살 교인

한 후배가 겪은 신앙의 위기에 관한 이야기이다. 주일학교에서 가르쳤던 제자가 젊은 나이에 암에 걸렸다. 누구보다 아끼던 청년이었고, 그의 부모님을 특별히 존경하고 있었다. 온 교회가 한마음으로 기도하며 고된 투병 과정에 함께했다. 완치 소식을 들었을 때 '하나님 살아 계시군요!' 하며 뛸 듯이 기뻤고, 재발 소식을 듣고는 하늘이 내려앉는 것 같았단다. 교인들 모두 너나없이 간절하게 기도했고, 후배 역시 절절한 기도를 드렸다. '하나님 살려 주세요. ○○을 제발 살려 주세요.' 성격상 잘 하지 못하는 청원 기도가 절로 나왔다고 한다. 남몰래 혼자 금식도 했다. 이렇게 드렸던 기도는 결국 결재를 얻어 내지 못했다.

제자는 호스피스 병동에서 작별의 날을 준비하고 있었다. 그 젊은 생명을 떠나보내야 한다는 사실이 안타까웠다. 유치하도록 절실했던 기도로도 생명을 지켜 낼 수 없다는 사실을 받아들이는 것은 고통스러운 일이었다. 이렇게도 저렇게도 추스르지 못하는 마음에 수요일 예배에 참석했다. 예배 후 기도회를 인도하던 목사님이 함께 통성 기도 하자며 '○○을 살려 달라!'라는 기도 제목을 제시했다. 그리고 "더 크게 기도하라. 최소한 자기 목소리가 자기 귀에 들리도록 기도하라"고 했다. 사실 기도회 시간마다 받는 요구였다. 강요당하는 느낌이라 늘 불편했지만, 그 순간만큼은 견딜 수 없었다고 한다.

목사님은 자신이 주문한 내용을 마이크에 대고 크게 외쳤다. "아버지~이, 아버지~이, ○○을 살려 주세요." 어쩐지 그 기도가 민망하게만 들렸다. 기도하는 분의 태도가 멋쩍어서 듣기 민망한 것인지, 민망하여 멋쩍어 보이는 것인지 알 수 없었다. 그 순간 자리를 박차고 나오고 싶었고, 돌아보면 교회를 떠나게 된 결정적인 계기였다. 이름을 붙일 수는 없지만 이성과 신앙이 분열되어 산산이 흩어지는 느낌이었다고 한다.

마이크를 통해 들리는 "살려 주세요!"라는 기도는 차라리 불신앙으로 들렸다. 인내의 한계를 넘어서는 고통 앞에서 하나님께 살려 달라고 기도할 수 없다면 무엇으로 믿음의 위안을 삼을 것인가. 하지만 그 순간 그 민망한 부르짖음은 신앙의 이름으로 인간 조건을 받아들이지 않는 교만이자 어리석음으로 느껴졌다. 참을 수 없는 종교의 가벼움이었다.

그러는 사이 호스피스에서는 찬송이 울려 퍼졌다. "내 주 되신 주를 참 사랑하고… 숨질 때에까지 내 할 말씀은 이전보다 더욱 사랑합니다." 이 찬송과 함께 제자는 이 땅에서의 마지막 숨을 내쉬고 고요하게 떠났다. 후원하던 타국의 어린아이를 친구에게 부탁하고 후원금을 맡기는 등 의연하게 마무리하는 모습이었다고 한다. 아들의 죽음 앞에서 비관도 낙관도 아닌 의연함으로 기도하시던 부모님의 믿음과 가르침 때문이었을 것이라며 후배는 눈물을 글썽였다. 그가 떠난 주일 예배 봉헌 시간, 이런 내용의 감사 헌금이 있었단다. "나를 지으신 이가 하나님, 나를 부르신 이가 하나님, 나를 보내신 이도 하나님, 나의 나 된 것은 다 하나님 은혜라." 그렇게 고백하며 청년은 본향으로 떠났다.

이 일을 오래 곱씹으며 후배는 교회를 떠났다. 미련 없이 떠났다고 하는데 과연 미련, 곧 끊어 내지 못한 감정과 생각이 없을까. 몇 번이고 새로운 이야기처럼 그날 그 기도회 장면을 얘기하는 후배를 보았다. 어떨 땐 분노에 차서, 어떨 땐 무기력하게, 가끔은 슬픔에 가득 차서 목사의 기도를 되뇌었다. "○○을 살려 주세요!" 언젠가 이 한마디를 흘렸다. "언니, 그런데 나는 살려 달라고 기도하지 못했어. 살려 달라는 기도가 안 나오더라고."

이날 이 순간의 자신과 화해하지 못하는 후배를 보면서 나는 '영적 학대'라는 말을 떠올린다. 흔히 어린아이나 상대적으로 약한 사람이 학대의 대상이 된다. 강한 힘에서 비롯한 폭력이 학대의 수단이 되기 때문이다. 신체적·정서적·영적 학대, 모든 학대는 악한 결과를 낳는다. 그런데 학대의 흔적이 눈에 띄지 않는다는 면에서 신체적 학대보다 정서적 학대나 영적 학대의 해악은 더 교묘하고 치명적이다. 『말씀 선포, 혹은 영적 학대』(비전북) 저자들은 공개된 장소에서 하나님의 뜻이나 명령을 빙자해 공공연하게 행해지는 영적 학대의 교묘함을 지적한다.• '설교자의 마이크'는 거룩해 보인다는 점에서 교묘하고, 그렇기에 치명적인 학대 수단이다.

우리는 어릴 때부터 설교자가 하나님의 대언자라고 배운다. 이해가 되어서 믿는 게 아니라 일단 믿고 이해하는 것이라고도 배운다. 그렇게 배운 이들은 강단 마이크를 통해 퍼지는 목사의 소리를 듣고 하나님의 음성을 연상한다. 제아무리 예리한 판단력과 용기를 가진 사람이라고 해도 설교에 대해 이의를 제기하기가 쉽지 않다. 강단의 마이크는 소통이 아니라 선언의 도구이다. 그리하여 영적 권력이다.

• 데이비드 존슨, 제프 반본데른, 『말씀 선포, 혹은 영적 학대』, 비전북

마이크를 잡는 설교자가 모두 학대자라는 말은 아니다. 목사를 괴롭히기로 작정한 교인들의 단골 레퍼토리가 '나 들으라고 하는 설교냐!'이다. 무슨 말이든 꼬아서 듣고, 목사 트집 잡는 것을 일삼는 교인들이 있다는 사실을 안다. 피해망상 교인들 때문에 목사님들의 고통이 크다는 것도 안다. 그럼에도 더 겸허해야 할 사람은 마이크, 성능 좋은 마이크를 가진 쪽일 것이다. 설교자 자신이 인정하든 안 하든, 설교를 잘하든 못하든 모든 설교에는 영적 위력이 있다. 수백 명의 목소리를 한 방에 제압할 수 있는 것이 마이크 아닌가. '목사가 나를 비난하려고 설교를 동원했다'는 억지조차도 강단 마이크에 대한 두려움 때문이라는 말이다.

기실 모든 설교는 표적 설교이다. 대상을 특정하지 않는 설교가 어디 있겠나. 마이크 잡은 목회자의 동기가 순수한지 아닌지, 특정한 누구를 겨냥했는지 아닌지는 하나님만이 아시는 일이다. 그렇더라도 단지 마이크를 잡았기 때문에 설교자는 두려워해야 한다. 자신도 모르게 설교에 탄 비난 한 스푼으로 한 영혼에게 맹독이 퍼질 수 있기 때문이다. 아프도록 날카롭게 자기를 성찰하며 마이크를 잡아야 하지 않겠나. 그 고독과 고통은 곧 많이 맡은 자의 몫, 부름받은 자의 십자가가 아닐까.

'새벽 기도 강요'는 하지 않겠노라 결심한 목사님을 보았다. 목사님들 사이에서 오가는 비법. 새벽 기도는 교인들을 통제하는 가장 쉬운 방법이라고 한다. 자기 기도 생활이 충분히 성실하며 깊다고 여기는 신앙인은 거의 없다. ("쉬지 말고 기도하라"가 우리 기준이지 않은가.) 목사에게 새벽 기도는 선택 사항이 아니라 하루 근무의 시작이다. 결코 빠질 수 없는 자리이다. 얼마나 당당한가. 당회에서 큰소리치는 장로에게, 제직회에서 날선 비판을 일삼는 집사에게 "중직인데 일단 새벽 기도나 나오시고요"라고 해 버리면 게임 끝이다. 교인들을 제압하기 위해 성능 좋은 무기를 사용하지 않겠다는 목사님의 선택. 진정한 자기 포기 아닐까.

장로님 한 분과 의기투합하여 교회를 개척한 젊은 목사님을 알고 있다. 자리를 잡아 가며 교인이 늘어 가는 시점, 개척 동지인 장로님과 목사님의 생각 차이가 드러나기 시작했다. 드러난 차이는 좁혀지기보다 갈수록 넓어지는 법. 함께하기 어렵다고 느껴 목사님이 떠나기로 했다. 갈 곳 없이 교회를 떠나온 목사님에게 얼마나 힘드셨느냐고 위로의 말씀을 건넸다. 가장 힘든 것은 설교를 자기변명의 수단으로 삼고 싶은 유혹이었단다. 기고만장한 장로님들으라고, 그분의 교만을 일깨우는 설교를 한 번쯤은 하고 싶었단다. 아무것도 모르는 교인들에게 슬쩍 자신의 억울함을 흘리고 싶었단다. 그 유혹은 너무 컸고, 그것이 악마의 유혹인 것을 알았기에 하지 않았다고 했다. 그러기 위해 억울한 눈물을 얼마나 많이 흘렸는지 모른다고 하셨다.

자기 주먹의 위력을 알기에 함부로 쓰지 않는 선택은 어른만이 할 수 있다. 내 주먹 한 방이 나갔을 때 약해 빠진 아이가 입을 치명상을 알기에 더욱 무력해지는 길을 택하는 것은 성숙한 어른의 태도이다. 학대하는 부모는 자기 주먹의 강도와 아이 몸이 지닌 무력함의 간극을 인지하지 못한다. 학대하는 부모는 오직 자신의 욕망, 분노, 두려움만 알 뿐이다. 가진 것은 큰 덩치와 무력뿐, 마음은 어른이 되지 못한 '성인 아이'가 늘 학대의 주범이다. 컴퓨터게임에 빠져 있다가 두 살 아이를 죽이고 만 아빠를 비롯해, 미성숙한 어른이 자신의 아이를 학대한다. 그러니까 학대자는 강한 자가 아니라 미성숙한 자이다.

앞서 소개한 후배가 다닌 교회의 목사님은 자신이 가진 힘에 걸맞게 성숙하지 못했을 뿐이다. 그에게 나쁜 의도가 있었다고 생각지 않는다. 죽음이라는 무한 절망의 실존 앞에 믿음의 태도는 어떤 것일까. 질문하는 사람인가, 회피하는 사람인가. 고통을 마주한 채 정직한 절망으로 입을 닫아 버린 후배인가, 현실을 바라보지도 받아들이지도 않고 천박한 신앙으로 승화하려는 목사님인가. 죽음을 짊어진 존재로서의 인간을 받아들이고 조용히 천국의 날을 준비하는 청년과 그 가족들인가, 끝까지 살려 달라고 떼를 쓰는 목사님인가.

문제는 후배가 마이크 잡은 목사님의 신앙관에 비추어 자기를 판단한다는 것이다. 마이크의 위력, 영적 권력에 압도되어 죄책감과 자기 비난에서 자유롭지 못하다는 것이다. 수요 예배에 있던 교인들과 같이 절규하지 못한 자신이 밉다고 했다. 왜 내게는 은혜로 수용하는 미덕이 없는지, 왜 그리하여 결국 목사를 미워하며 교회를 떠나오게 되었는지…. 그런 자신이 밉다는 것이다. 의식적으론 무엇이 잘못됐는지 명확하게 알지만 무의식적으로는 자기 비난을 멈추지 못하고 있었다. 이것이 학대가 남기는 상처, 수치심이다. 이것이 참을 수 없는 종교의 가벼움으로 영적 학대를 당한 교인에게 남겨진 상처이다.

마태오 린(Matthew Linn)은 "두 살 아이에게 열 살 아이처럼 행동하도록 기대하거나, 열 살 아이에게 두 살 아이처럼 계속 의존하도록 하는 것"이 정서적 학대라고 했다.• 이 시대 교회의 문제는 두 살 목회자가 열 살 교인들 앞에서 성찰 없이 마이크의 위력을 휘두르고 있는 것인지도 모르겠다. 무겁고 복잡한 인생의 문제를 영적으로 쉽게 치환하며 가르치려

---

• 마태오 린, 쉐일라 파브리칸트 린, 데니스 린, 『신앙, 집착에서 참 열정으로』, 생활성서사, 31쪽

드는 두 살짜리 설교를 열 살 된 교인들은 얼마나 더 참아야 하나.

후배는 자신이 열 살이었음을 인정해야 한다. 두 살 목사 앞에서 열 살 아이로 고통받았음을 스스로 알아 줘야 한다. 이것은 교만이 아니다. 있는 그대로 보는 것은 교만이 아니다. 두 살의 유치함을 들어 줘야 했던 것이 고통의 핵심이었다고 인정할 때, 영적 상처로 남은 수치심 또한 있는 그대로 보일 것이다. 목사를 향한 터무니없는 분노 또한 거두어지리라.

목사가 두 살이어서는 안 될까. 태어날 때부터 목사이거나 타고난 영적 지도자가 따로 있단 말인가. 두 살, 세 살 나이를 먹으며 더 성숙해지고 깊어지는 것이 인간의 길 아니겠나. 두 살일 수도, 일곱 살일 수도 있는데, 열 살인 척해야 하는 것이 목회자들의 슬픈 딜레마인지 모르겠다. 인생의 모든 질문에 답을 알고 있는 것처럼, 삶의 모든 문제를, 심지어 죽음까지도 (기도로든 무엇으로든) 통제할 수 있는 척하는 것은 얼마나 무거운 짐인가. 마이크는 마이크일 뿐, 목회자는 마이크가 아니다. 가르침을 위해 설교가 필요하고 설교를 위해 마이크가 필요하지만, 목사 자신은 마이크가 아니라 인간적 경험을 지닌 한 존재일 뿐이다. 이것을 인정하고 그 무거운 짐을 내려놓기를.

목회자가 마이크와 자신을 동일화하여 자기 인식의 감각

을 잃어 가는 동안 교인들은 광야로 내몰린다. 하지만 그들 중 어떤 이는 메마른 광야에 서서 때때로 수치심과 두려움에 떨고 분노에 차 울며 정직하게 하나님 앞에서 성장하고 있다. 예배당 안에 들어가지 못하고 마당을 서성거리며, 추위에 떨고 있는 듯 보이지만 하나님을 찾고 있다. 그리하여 모호함과 역설을 받아들이는 어른 신앙인이 되어 가고 있다.

멈춰 버린 발육 상태로 정체되어 있는 사람은 마이크와 자신을 동일시하고 있는 목회자, 당신이다. 마이크가 과대 포장해 준 웅장한 목소리가 진정한 자기인 줄 착각하는 자아도취에서 깨어나시길. 아니 마이크 뒤에 숨어 두려움과 의심 없는 척, 모든 것을 통달한 척 연기하는 힘겨운 삶에서 나오시길. 두렵다 말하고 믿어지지 않는다 말할 수 있는 것이 진정한 영적 능력임을 아셨으면 좋겠다.

가나안 또는 광야로 내몰린 교인들은 벌거벗은 몸으로 일상의 찬바람을 맞으며 정직한 질문을 던지고 있다. 그리하여 성장하고 있다. 영적 학대의 피해자는 생존자가 되고, 영적 깊이를 더하는 구도자가 되어 가고 있다. 영적 학대로 인한 가장 큰 재난은 지금 어쩌다 가해자가 된 목회자 자신들을 덮치고 있는지 모른다.

## 3

### 어느 종교 중독자

 고등학교 1학년 때, 학교 상담실에서 진행하는 일대일 상담이 있었다. 전교생 대상이었는지 지원자만 참여했는지는 기억나지 않는데 다소 절박한 심정으로 상담 시간을 기다렸었다. 담당 선생님이 교인이었다는 정보가 있어서였을 것이다. 의뢰하고 싶었던 내 어려움은 엄마의 주일성수 강요였다. 돌이켜 보면 각종 고민 다 짊어지고 살던 중고등학교 시절이었다. 친구 관계, 이성 친구를 향한 관심, 그와 관련한 자아상의 고민부터 전공 선택, 살아야 할 이유에 대한 실존적 고민까지. 한데 상담실에 찾아가 내놓은 현안이 '주일성수'였다니.

 아닌 게 아니라 사춘기부터 시작된 엄마와의 갈등 요인은 주일성수로 대변되는 '종교'였다. 이는 끔찍한 일이었다. 엄마는 율법의 안식일 조항을 거의 그대로 지키려는 것 같았다. 물건을 사고팔지 않는 건 기본이고 죽어 영안실에 누워 있지 않는다면 예배에 빠질 수 없었다. 어렸을 적에야 당연한 줄 알고 지켰으나 나름 주체적으로 읽은 복음서의 예수님은 전혀 엄마 편이 아니었다. 그때부터 엄마와의 종교 전쟁은 시작되었다. 안식일에 손 마른 사람 고치신 예수님과 시내산 하나님의 대리전을 엄마와 내가 치렀다. 엄마와 딸이 아버지와 아들을 갈라놓은 형국. 엄마는 평생 하나님을 위해서 뭔가를 했고, 끊임없이 지켰고, 바쳤고, 기도했다.

'종교 중독'이란 개념을 습득하고 많은 부분에 이름 붙일 수 있었다. 예수님을 향한 엄마의 사랑, 그 열렬한 사랑이 왜 내게는 억압으로 다가오는지. 신앙 행위가 억압이 되는 지점, 열정이 집착이 되는 지점을 알게 되었다. 내가 상담실을 찾게 한 것은 종교적 규율의 강요와 소통 불가의 폭압이었다. 중독 행동은 어떤 특정한 욕구에 대한 집착적 행동이다. 중독에는 자유가 없다.

중독의 본질에 대해『신앙, 집착에서 참열정으로』에서 쉐일라 파브리칸트 린(Sheila Fabricant Linn)은 이렇게 말한다. "나는 중독이 우리의 삶에서 오는 고통스러운 현실, 특히 고통스러운 느낌들을 피하고 통제하기 위해서 사용하는 실체 또는 과정이라는 것을 알았다. 우리는 내면에서 두려움을 느끼게 하는 어떤 것을 피하고 통제하기 위해서 외부적인 어떤 것을 사용한다. 중독의 목적은 자신과 대면하지 않는 것이다." 그리고 남편의 신앙 성장을 위해 기도할수록 남편과 사이가 안 좋아진다는 '앤'이라는 여성의 예를 들면서 이렇게 말한다. "만약 종교가 만족스럽지 않은 결혼 생활이나 또 다른 부분에서 오는 고통스런 느낌들로부터 도피하기 위한 수단이었다면, 앤은 종교 중독에 빠진 것이다. 남편에게 자신의 종교 행위를 애서 강요하며 남편의 생활을 종교적으로 통제하려고 했던 것을 보면 더욱 그렇다."•

이에 비추면 엄마의 종교적 열심은 중독에 가깝다. 현실 도피로서의 신앙생활이라 느껴졌다. 무엇보다 내가 느낀 강요와 통제가 그 방증이다. 엄마의 생은 신산한 삶을 기도로 버텨 온 나날이다. 목사 남편이 늦게 얻은 두 자녀를 남기고 세상을 떠났을 때, 현실의 찬바람을 그대로 맞는 것은 쉬운 일이 아니었을 것이다. 곤궁한 일상을 버틸 힘을 새벽 기도와 철야 기도에서 얻었고, 밀려오는 세파에 무력해질 때면 금식 기도에 돌입하였다. 고통과 두려움, 현실의 벽을 통제할 수 있는 유일한 선택은 종교였다. (그렇다면 종교 중독에서 온전히

---

• 마태오 린, 쉐일라 파브리카트 린, 데니스 린, 『신앙, 집착에서 참열정으로』, 생활성서사, 머리글

자유로울 수 있는 신앙인이 몇이나 되겠는가만, 어릴 적 내 이해심은 여기까지 미치지 못했다.)

중독이 가진 일반적 폐해에 더하여 '종교' 중독이 가진 치명적 해악이 하나 더 있다. 알코올이나 마약처럼 누가 봐도 나쁜 중독에는 부끄러움이 있다. 중독 자체를 숨기거나, '난 그 정도는 아니야' 하며 깎아내리게 되는 것이다. 하지만 종교 중독의 행위들은 곧바로 종교적 자부심이 된다. 새벽 기도, 십일조, 주일성수 등의 행위가 신앙심의 유일한 지표라 착각하기에 치료는 더 어려워질 것이다. (대표 선수는 바리새인들이다.) 그로 인해 사랑하는 사람에게 자기도 모르게 상처를 입히며 단절을 경험할 수도 있다. 무엇보다 가장 갈망하는 그 하나님에게서 갈수록 멀어질 수 있는 것이다.

여기까지 얘기하고 보니 더는 숨길 수가 없다. 중독자의 가정에서 중독자가 나는 법이다. 상담실을 찾았던 것이 고등학교 1학년 봄이었고 그해 가을에는 수학여행이 있었다. 그 이전까지는 없었던 일정인데 굳이 주일을 끼어 간다고 했다. 두 번도 생각하지 않고 '나는 못 간다' 결정했다. 우리 집 딸로 자란 내게는 당연한 선택이었다. 불참의 이유가 주일성수라는 것을 아신 기독학생반 지도 선생님이 나를 부르셨다. 주일에 숙소에서 예배하도록 하겠다며 긴 시간 나를 설득하셨다. 뭐라 답했는지 기억나지 않지만 가지 않겠다는 뜻만큼은 확고했다. 벌게진 얼굴로 어쩔 줄 몰라 하시던 선생님 표정이 아직도 기억이 난다.

돌이켜 더듬어 보면, 속이 터지셨을 것이다. 내가 엄마와 대화하다 느끼는 감정이었을 것이다. 60대 권사님도 아니고 열여섯 청소년이었다! '하나님 뜻' 같은 조커가 나오면 게임이 끝났다는 것을 신앙인들은 다 안다. 더는 대화가 불가능한 지점, 주먹으로 이 불통의 벽을 쳐 봐야 내 주먹만 아플 뿐인 그 답답한 지점. 여기서 끝이 아니다. 대학 졸업하고 들어간 첫 직장에서는 주일 행사로 출근해야 한다기에 사직서를 썼다. 이 일로 동료들의 공분을 샀고 일종의 따돌림을 당했는데 (이제 와 생각하면) 부끄럽게도 나는 이것을 '의를 위해 받는 핍박'으로 온전히 기쁘게 여겼다. 이쯤 되면 청출어람이다. 엄마보다 더 강력해진 것이다. 엄마는 배움이 짧아서 자기 논리 같은 것을 내세울 수도 없었는데 나는 말과 글로 나를 포장하는 기술까지 장착하고 있었다.

종교 중독이란 개념을 온몸으로 알아듣고 엄마의 증상에 이름 붙일 수 있었던 이유는 그 병을 내가 알기 때문이다. 종교 중독자로 나는 큰 좌절 없이 살아왔다. 오히려 칭찬과 보상을 누렸다. 결혼 후 수년이 지나 남편이 늦게 신학을 하고 목회자의 길에 들어섰다. 아버지 목사, 동생 목사를 가까이서 지켜보며 목회자 가족의 삶을 모르지 않았는데도 목회자 아내의 삶은 적응이 되지 않았다. 익히 알고 있던 목회자들의 이중성이 더 또렷이 보였다. 말로는 그리스도인이지만 돈을 믿거나, 아이의 대학 입시를 숭배하는 교인들. 그 욕망의 바다에 적당히 물 타기 하면서 자리보전하는 목사들. 수단과 방법 가리지 않고 아이를 조련하여 결국 좋은 대학, 좋은 직장이라는 고지에 세우고 "다 하나님이 하셨어요" 하는 교인들과 그걸로 간증을 시키는 목사.

익히 알고 있던 모든 것이 새롭게 견딜 수 없어졌다. "기도할게요", "축복합니다" 같은 교회 언어들은 듣기도 싫었다. 종교 중독자답게 연기는 또 잘하니까 겉으론 멀쩡히 교회 생활을 해냈지만 속은 하염없이 무너지고 있었다. 아무렇지 않게 지내는 연기가 빛을 발할수록 내면의 빛은 점점 어두워지더니 깜깜해지고 말았다. 한 번도 만나 본 적 없는 깜깜하고 긴 터널이었다. 아침에 우울과 함께 눈을 떠 분노를 덮고 잠이 들었다. 『해로운 신앙』(그리심)의 저자 스티븐 아터번(Stephen Arterburn)과 잭 펠톤(Jack Felton)은 종교 중독의 진행 과정을 설명한다. 그중 말기 증상을 말하며 절망, 분노, 깊은 우울, 침체 등의 감정을 예로 든다.● 그렇다. 종교 중독 말기 증상이거나 어쩌면 금단 현상이었는지 모르겠다.

● 스티븐 아터번, 잭 펠톤 『해로운 신앙』, 그리심, 176쪽

이대로는 안 되겠다 싶었다. 내가 죽겠다 싶었다. 은혜로 이해하는 대신 부조리를 부조리라 부르기 시작했다. 아니, 그 이전에도 찔끔찔끔 해 왔지만 스스로에게 허용했다. 과감하게 허용했다. (중독자인) 내가 아는 하나님은 우리의 기도에 응답해 주시는 참 좋으신 하나님이며, 악인을 벌하시는 분이며, 약한 자 힘 주시고 강한 자 바르게 하며, 해 아래 압박 있는 곳에 계셔서 그 팔로 막아 주시는 하나님이었다. 중독자 집단에서 한발 물러나 두 눈 뜨고 제대로 보니 도통 그런 하나님이 아니었다. 내 하루 일상에서도, 교회에선 물론, 사회, 국가 어디에서도 그분의 정의와 사랑의 흔적은 찾아지지 않았다. 그야말로 영혼의 빛이 꺼져 버린 것이다.

십자가의 성 요한(Joannes a Cruce)이 말하는 "영혼의 어두운 밤",▲ 그런 밤이 밤낮없이 계속되는 것 같았다. 영혼의 빛은 꺼졌으나 육신의 눈은 말짱하여 그나마 읽을 수 있었다. 십자가의 성 요한을 읽고, 아빌라의 테레사(Teresa de Cepeda y Ahumada)를 읽고, 헨리 나우웬(Henri Nouwen), 리처드 로어(Richard Rohr), 제럴드 메이(Gerald May), 브레넌 매닝(Brennan Manning), 안셀름 그륀(Anselm Grun), 래리 크랩(Larry Crabb), 데이비드 베너(David Benner), 카를 융(Carl Jung)을 읽었다. 이들

▲ 제럴드 메이, 『영혼의 어두운 밤』, 아침영성지도연구원

영성의 빛이 희미한 등대로 보였다. 잠깐 나타나 위안이 되었다 이내 사라지는 반딧불만 한 빛이 생겨났다. 거기 비춰 나의 실체를 보니 나는 종교 중독자였다. 잘 돌아가던 중독 시스템이 내 마음처럼 작동하지 않으니 화가 나고 서럽고 우울했던 것이다. 엄마에게 종교 중독 중증 환자라는 낙인을 찍고, 믿음 좋아 보이는 모든 사람을 밀어내고 혐오했던 것은 내 안의 중독자를 마주하지 않으려는 몸부림이었다. 중독 치료에 가장 효과적이라는 AA(Alcoholics Anonymous: 무명의 알코올 중독자 모임) 12단계 치료는 옳다. 그 1단계가 '나는 중독자다'라고 인정하는 것이다.

'엄마는 중독자'라 이름했을 때 속이 뻥 뚫리는 느낌이었다면 '나는 종교 중독자였다'고 인정할 때는 무너져 내렸다. 하늘이 무너졌고 그 믿음직하던 하늘과 함께 내 과거가 한꺼번에 무너졌다. 엄청난 자부심으로 품고 다녔던 포기한 수학여행과 사직서의 경험은 내다 버릴 수도 없는 수치스러운 흉터가 되었다. 젊은 날 주일학교 교사로, 성가대 지휘로, 주보 편집자로, 리더 언니로 쏟았던 열정과 시간은 중독자의 병 짓에 지나지 않았다. 반딧불 하나로 밝혀지기 시작한 내 영혼의 실체를 아직도 확인해 가는 중이다. 십 년째 확인 중이다. 나는 종교 중독자였고, 중독 치유 과정을 밟는 중이다. 치유는 더디게, 그러나 꾸준히 진행되고 있다.

자부심이며 자랑이었던 '수학여행 포기자인 나'를 미워하고 부끄러워하며 어둠의 시간을 보냈다. 그 아이를 조금씩 받아 주기 시작하며 터널의 끝에 섰던 것 같다. 터널을 빠져나오니 방향감각을 잃어 걷는 길에 확신이 없어졌다. 힘도 잃고 자신감도 잃었지만 아주 조금 자유로워진 것도 같다. 수포자(수학여행 포기자) 그 아이가 무슨 죄라고. 그 애를 추어올렸다, 바닥에 내팽개쳤다 했던 시간을 한발 더 물러서서 본다. 친구들이 수학여행에서 불국사 단풍을 볼 시간에 텅 빈 교실에 앉아 부러움과 헛헛한 자부심을 부여잡고 외롭게 자습하던 아이가 가엾다. 혐오도 과장된 찬사도 보내지 않고, 있는 그대로 그 아이를 받아들이는 것이 지금의 숙제이다. 그 아이와 화해하는 것이 지금의 나와 내 앞의 사람들과, 나의 하나님과의 화해이기 때문이다. '어구구, 그 나이에 대단했네.' 넉넉하게 안아 줄 날도 있으리라.

앞에서 언급한 『해로운 신앙』에는 종교 중독자를 진단하는 지표들이 다양하게 나와 있다.• 그 지표를 거울삼아 여러 통찰을 얻었다. 하지만 모든 것에 동의하지는 않는다. 인간의 마음, 특히 동기에 대해 더듬는 일은 그리 간단한 것이 아니다. 체크리스트 몇 항목으로 단정 지을 수는 없고, 그래서는

• 스티븐 아터번, 잭 펠톤, 『해로운 신앙』, 그리심

안 된다고 생각한다. 종교적 행위에 관해서는 더더욱 그러하다. 어떤 사람의 열정적 행위가 하나님 사랑인지, 자기과시이거나 현실도피인지를 누가 판단할 수 있으랴. 여성 정신분석가인 카렌 호나이(Karen Horney)의 이론을 종합해 보면 사람들은 너나없이 건강한 성격 발달과 성격장애 사이 어디쯤에 있을 것 같다.• 종교 중독 역시 그렇지 않을까. 신앙생활하는 사람들은 건강한 영성 발달과 중교 중독 사이 어디쯤에 있을 것이다. 나 역시 인생의 높고 낮은 파도를 넘으며 그 사이를 오가는 것 같다. 한쪽으로 너무 치우쳐 균형점으로 오는 과정이 지난했고, 그 시간은 모든 것이 무너진 것 같았지만 돌아보니 끝은 아니었다. 『신앙, 집착에서 참열정으로』가 이 지점을 잘 짚어 준다.

> 똑같은 행위가 어떤 사람에게는 종교 중독 증세로 나타날 수 있고, 어떤 사람에게는 믿음의 발달 단계로 정상적인 모습이 될 수도 있다. 예를 들어, 종교의 외적 권위에 의존하는 것은 종교 중독의 일반 증상이기도 하면서 동시에 믿음 발달의 초기 단계에서 나타날 수 있는 전형적 모습이기도 하다. 외적 권위에 일시적으로 의존한다는 것은 더 높은 단계로의 계속

•     카렌 호나이, 『나는 내가 분석한다』, 부글북스

적인 성장을 위한 안정된 구조를 형성하는 데 도움을 주므로 건강한 발달의 한 부분이 될 수 있다. 그러나 만약 외적 권위에 대한 의존이 오히려 자기 자신을 회피하기 위한 수단이라면 그것은 종교 중독의 징조가 될 수 있다.▲

삶의 모든 부조리와 내 어두운 내면의 실체를 섣불리 통제하거나 회피하려 할 때 경각심을 일깨우는 것이 '중독자인 나'이다. 한때 중독자였고, 지금도 여전히 중독자라는 정체성은 나를 겸손하게 한다. 성찰적 삶을 살아야 한다고 촉구한다.『중독과 은혜』(IVP)를 쓴 제럴드 메이가 "중독을 인정하는 것은 궁극적으로 영적 굶주림을 인정하는 것이기에 중독은 일종의 은혜를 찾는 수단"이라고 하니 크게 위로가 된다.■ 원조 중독자 우리 엄마의 여전한 중독 행동을 고발하며 이번 글을 마칠까 한다.

어렸을 적에 저녁마다 가정 예배를 드렸다. 귀찮아서 죽을 것 같은 거룩한 낭비의 시간이었다. 머리가 커지고, 귀가시간이 들쑥날쑥하니 서서히 사라진 가족 문화가 되었다. 가족 문화는 사라졌지만 엄마의 의식은 사라지지 않았다. 94세

---

▲　　마태오 린, 쉐일라 파브리칸트 린, 데니스 린,『신앙, 집착에서 참열정으로』, 생활성서사, 182쪽

■　　제럴드 메이,『중독과 은혜』, IVP, 16쪽

엄마는 아직도 저녁 여덟 시에 혼자 가정 예배를 드린다. 그 예배는 내 눈으로 확인한 기간만 50여 년이다. 맞는 돋보기를 찾을 수도 없는 눈이라 '읽기'를 포기하신 지 벌써 몇 년이다. 오직 기억에 의존하여 드리는 예배. 성경 찬송 없이 유배된 자처럼 외우고 있는 성경 구절 몇 개와 찬송가로 예배를 드린다.

저녁 여덟 시 어간, 엄마에게 전화 걸다 '아, 예배' 하고 내려놓는다. 엄마의 그 예배, 그 예배를 배우고 내 것 삼았으며, 미워하고 반항하다, 화해해 가는 중인 딸이다. 그 예배의 다른 이름은 '중독과 은혜'이다. 아홉 시가 다 되어 내 휴대폰 벨소리가 울린다. 중독이자 은혜의 90여 년을 살아온 신비로운 여인이 '중독과 은혜'의 의식을 마쳤다는 뜻이다.

4

---

## 종교 중독, 영적 학대에서 벗어나려면

"누구나 마음에 존경하는 목사님 한 분쯤 품고 있다", "신앙의 여정에서 길을 잃었을 때 고개만 들면 보이는 등대 같은 목사님 한 분 정도는 있다"라고 말할 수 있다면 얼마나 좋을까. 현실은 정반대인 것 같다. 자기감정에 솔직한 그리스도인이라면 누구나 마음에 혐오하는 목사 한 명쯤을 품고 있다. 뉴스를 통해, 지인의 경험을 통해 어느 목사의 범죄나 범죄에 가까운 행적을 알게 된다. 목사가 그럴 수 있나, 분노한다.

단 한 번 들어 본 설교에서 삯꾼 냄새를 맡을 수도 있다. 목사의 얼굴을 한 사기꾼은 한 번의 만남으로도 불결한 여운을 오래 남긴다. 직접 관계를 맺는 경우는 더욱 어렵고 슬프다. 지난 주일에도 설교를 들었고, 당장 이번 주일에도 설교를 들어야 하는데 그 목사를 향한 감정이 불신뿐이라면 얼마나 슬픈가. 더욱이 한때 존경했고, 최선을 다해 도왔던 한 목사가 성폭력범이거나 헌금을 횡령한 범죄자임이 드러났다면 또 어떤가. 목사의 범죄나 치명적 인격 결함은 한 사람의 신앙인을 벼랑 끝으로 내몬다.

직접 겪었든, 한 발 떨어져 간접 경험을 했든, 크든 작든 목사 혐오는 시대의 문제인 것 같다. 교회에 실망하여 떠난 사람에게 '교회'란 대부분 구체적인 '목회자' 한 사람이다. 그리하여 두세 사람이 그리스도인의 이름으로 모인 곳에는 늘 함께 씹어 줄 목사가 있다. 심지어 목사 두세 사람의 대화에서도 목사 혐오거리는 풍성하다. 이렇듯 너도 나도 자질이 부족한 목사로 상처받았고, 교회를 떠나왔는데 과연 여기가 끝일까. 목사다운 목사는 없나니 하나도 없으니, 소망 없는 목사들은 죄 혐오의 쓰레기통에 던져 버리고 가던 길 계속 가면 되는 것일까. 계속 갈 수는 있을까.

'목사들'의 문제를 쓰레기통이든 골목 으슥한 곳이든, 어디든 갖다 버릴 수 있으면 좋겠다. 손 탁탁 털고 내 갈 길 갈 수 있으면 좋겠다. 그런데 나는 그럴 수가 없었다. 냄새나고 역겨운 이 보따리를 내려놓지 못하고 오래 끌어안고 있었던 것이다. 아버지 목사, 남편 목사, 동생 목사를 둔 목사의 가족이라서 그럴까. 그럴 수도 있다. 신나게 돌 던져 봐야 결국 그

돌 맞는 목사들은 내 사랑하는 가족이니까.

보따리 속에서 내게 좋은 목사들만 깔끔하게 골라낸다면 이 보따리를 미련 없이 버릴 수 있을까. 아니 그것만도 아니다. 그 안에서 새어 나오는 악취가 어쩐지 익숙하여 찜찜하다. 그러니까 이 보따리를 풀어헤쳐 보아야 한다. 익숙한 냄새의 근원을 찾아내서 털고 가지 않으면 안 된다. 분노에 겨운 목사 혐오를 끌어안고 끝없는 비난의 돌무더기를 쌓고 앉아서 신앙의 여정을 계속 갈 수가 없었다.

심리학에 '투사(projection)'라는 개념이 있다. 노트북에 저장된 이미지나 영상을 프로젝터(projector)를 통해서 스크린에서 볼 수 있다. 심리학에서 투사란 스크린에 뜬 이미지가 컴퓨터 아닌 스크린에 있다고 믿는 심리 현상이다. 즉, 부정적인 것은 자기 마음(컴퓨터)에 있는데 자기 속에 있는 줄 모르고 밖의 타인(스크린)에게 있다고 주장하는 것이다. 미워도 너무 미운 사람, 견딜 수 없는 지속적 분노와 같이 강렬한 감정은 투사이다. '뭐 눈에 뭐만 보인다'는 말이 딱이다. 내가 사로잡힌 그것만 눈에 보이는데, 자기 내면의 작용을 알아채지 못하고 문제의 핵심이 외부에 있다고 치부하는 것이다. 리처드 로어의 『내 안에 접힌 날개』(바오로딸)에는 투사의 개념을 잘 설명하는 이야기 하나가 나온다. 폴 와츠라이크(Paul Watzlawick)의 '망치 이야기'인데, 살짝 각색해 보면 이

렇다.●

어떤 여자가 그림 한 점을 벽에 걸려고 하는데 망치가 없다. 망치를 빌리러 이웃집에 가야지 싶다. 어쩌면 이웃집 사람이 망치를 빌려주지 않을지도 모른다는 생각이 든다. 어제 저녁 아파트 앞에서 만났을 때 급히 인사만 하고 지나쳤던 것이다. 어쩌면 그녀가 내게 안 좋은 감정이 있을지 모르겠다고 생각한다. 그러고 보니 며칠 전 함께 커피 마시며 얘기 나누던 중 불편했던 순간이 있었다. 그 여자에 대한 반감이 커진다. '그래, 나한테 기분 나쁠 수도 있겠지. 그렇지만 내가 잘못한 게 있어?' 점점 분노가 커진다. 결국 그녀는 뛰어가서 이웃집 초인종을 누르고 여자가 나오자 외친다. "나, 네 망치 필요없거든!"

내게는 착착 감기는 은혜로운 설교인데 누군가는 어렵고 지루하다고 한다. 내 귀에는 화려한 수사만 가득한 공허한 말잔치일 뿐인데 다른 누군가는 은혜받았다며 눈물을 뚝뚝 흘린다. 설교뿐 아니다. 누구에겐 감동을 주는 어떤 글이, 다른 경험을 가진 사람에겐 자기 정당화를 위한 변명으로밖에 보이지 않을 수도 있다. 한편에선 가장 존경하는 사람이 다른 쪽에선 감옥에 보내도 시원치 않을 범죄자 취급당하기도 한

● 리처드 로어, 『내 안에 접힌 날개』, 바오로딸, 263쪽

다. 내 마음에 비춘 것만 보고 들을 수밖에 없다는 것이다. 그렇다면 우리는 과연 같은 설교를 듣고 있는 것일까. 나와 내 옆에 앉은 교우는 같은 목사님을 만나고 있는 것일까.

내 마음속 투사의 드라마를 성찰해 보는 것은 분노와 혐오에 갇힌 우리를 다른 지점으로 안내한다. 목사라 부를 수도 없고, 불러서도 안 될 것 같은 사람을 누군가는 여전히 존경한다. 그것이 더 견딜 수 없다. 그 거짓의 늪에서 사람들을 구출해 내야 할 것 같다. 내가 경험한, 나만 아는 저 목사의 불의를 더 많은 사람에게 알려야 할 것 같다. 악한 지도자에 여전히 속고 있는 사람들을 보며 연민과 분노가 교차한다.

가장 괴로운 사람은 분열 속에 빠진 바로 나다. 망치를 빌리려던 여자 안에서 일어난 비합리적인 분노의 증폭이 내게는 없는지 들여다볼 필요가 있다. 아, 목사의 문제는 다를 수 있다. 명백한 잘못이 있고, 치명적인 인간적 결함이 있을 것이다. 그 사실을 있는 그대로 대면해야 하고, 진실 규명과 구조 개혁을 위해 싸워야 한다. 동시에 가장 치열한 전쟁터인 자기 내면을 돌아보는 일 또한 가볍게 여길 수 없다. 냉소와 분노, 혐오에 나를 가둘 수 없기 때문이다.

성추행, 공금횡령, 거짓말. 흔한 목회자 범죄를 골고루 범한 목회자와의 오랜 싸움을 끝낸 한 형제와 대화를 나누었다. 오랜 싸움을 함께한 동지들과 새로운 공동체를 일구었단다.

한마음으로 싸웠다고 생각했는데, 그것이 착각이었음을 알고 놀랐다고 한다. 하나가 아니었다. 누구는 목사의 성범죄에 꽂히고, 누구는 돈, 누구는 거짓말을 견딜 수 없어서 투쟁에 함께했다는 것이다. 그 지점이 각 사람의 투사였고, 다른 동기의 투사가 하나의 에너지로 결집되었을 터. 지루한 싸움이 지났거나, 교회를 떠나와 고요하여 무기력해진 상태라면 더욱 내면의 전쟁터를 돌아볼 때이다.

유난히 감정이 들끓었던 지점에서 내가 보인다. 오직 목사와 목사를 비호하던 세력들만의 문제라 여겼으나 '네 망치 필요 없거든!' 하는 나만의 드라마 시나리오가 보일 수도 있다. 그렇게 내가 알지 못했던 내 마음을 볼 때, 100퍼센트의 정의이거나 100퍼센트의 불의, 절대악과 절대선이 만들어 내는 혐오의 감옥에서 나올 수 있다. 너무나 아픈 과정이겠지만 말이다. 정말 나는 피해자이기만 할까, 새로운 질문은 늘 전에 가 보지 않았던 길로 이끈다.

한편 우리는 부정적인 것만 투사하지는 않는다. 내가 가진 좋은 것들도 투사를 통해 드러난다. 유독 끌리는 사람, 닮고 싶고, 존경심을 불러일으키는 사람에게서 발견하는 '좋은 것'은 다름 아닌 내 안에 있는 것이다. 그것은 '황금'과 같은 것이라고 융 분석가 로버트 존슨(Robert Johnson)은 말한다. 어느 목사의 설교가 내게 구원의 빛으로 다가오는 순간이 내 안의 황금을 투사하는 순간일 것이다. 누군가를 존경한다는 것은 내가 선망하는 바로 그것이 내게 있다는 뜻이다. 내 안에 있는 것만 보인다고 하지 않았던가. 금과 같이 소중한 것을 발견한 눈과, 그것을 담은 내 마음을 인정하는 것이 필요하다. 그것이 내 안에 있는 것이 아니라 오직 외부에, 어떤 목사의 능력에만 있다고 하는 것 역시 황금 투사이다. 그 무의식적 투사가 빚어낸 비극은 크다. 고귀한 존재로 거룩하게 살아야 하는, 살 수 있는 자신 안의 하나님의 형상을 인정하지 않고 목사에게 투사하여 스스로 기회를 박탈해 버리는 것이다.

이 투사는 목회자의 부정적인 면을 보지도, 인정하지도 않을 뿐 아니라 과도한 존경으로 이어진다. "목사님 은혜받았습니다", "세상에 우리 목사님처럼 훌륭한 분은 없습니다", "예수님 같은 분입니다", "주의 종이 말씀하시면 순종해야지요" 하면서 자기 안의 황금을 양도하고 만다. 황금 투사를 넙죽넙죽 받아 내면화한 목사는 그것이 자기 것인 양 착각하여 자아 팽창의 함정에 빠지게 되는 것이다. 그렇게 무소불위의 목사, 하나님 위의 하나님인 목사, '김하나님'이 만들어졌다.

하나님 위의 하나님, 괴물이 된 목사는 신도들이 포기하고 양도한 내면의 황금을 포식한 자들이다. 백소영 교수는 라틴어의 'augere'에서 파생한 권위(authority)를 말한다. augere는 '성장하는 데 필요한 동력이 되는 힘'을 의미하는데, 조직신학자 카터 헤이워드(Carter heyward)의 표현을 빌려 그 힘이 바로 '하나님'이라고 한다.* 그 하나님을 우리 모두 받았기에 우리 각자에게 바로 그 권위가 있는 것이다. 그 권위를 지레 포기하고 내던진 신도들이 괴물 목사를 만들어 낸 토양 아니겠는가. 왜 우리는 우리의 권위를, 황금을 포기했을까. 그것을 포기하고 얻는 대가가 무엇일까.

황금과 함께 '거룩함'까지 목사에게 일임하고 자신은 적당히 부동산 투기를 하고, 아이들 닦달하여 좋은 학교 보내고 연봉 많은 직장 보내는 일만 소명으로 여기며 제국의 삶에 올인하려 했던 것은 아닐까. 영적 성장을 위해 짊어져야 할 책임이 무거우니 중요한 판단은 목사에게 맡기고 대충 묻어가는 편한 삶을 살고자 함이었을까. 아니 그 이상일지 모른다. 개척한 교회를 대형 교회로 키운 목사의 자수성가형 성공 스토리를 롤모델 삼아 나도 한번 화끈하게 일어나 보자는 숨겨진 야망이 있는지도 모른다. 예수님의 길을 따르자니 좁은 길, 가난한 길, 낮은 길이라 부담스러운데, 목사님을 영적 권위자로 모셔 시키는 대로 십일조를 하고, 봉사하고, 섬기면 목사님처럼 부와 명예를 다 얻을 수도 있겠다는 야망의 투사는 아니었을까.

* 백소영, 『페미니즘과 기독교의 맥락들』, 뉴스앤조이, 202쪽

한때 존경했으나 이제는 혐오하게 된 목사와 나 사이에 철벽을 치고 분리하여 좋은 나라, 나쁜 나라에 놓는 것은 쉽다. 절대악으로 규정하고 욕하고 비난하는 것은 언젠가 목사를 하나님처럼 받들며 추앙만 하던 것만큼 단순한 대응이다. 그것도 성에 차지 않아 이제 목사라 불리는 모든 존재를 의심하고 사기꾼 취급하는 것도 당장은 속 시원한 일이다. 그러면 나의 황금을 그의 목에 걸어 주고 내 권위를 그 발아래 놓아 더욱 높아지는 발판을 제공했던 '이전의 나'는 어떤 나라인가. 좋은 나라인가, 나쁜 나라인가. 지고지순한 피해자일 뿐인가. 권리를 포기하고 책임을 방기하여 괴물 만들기에 가담했던 것은 아닐까.

피해자임이 분명하지만 피해자이며 동시에 공범임을 인정하는, 어렵고 아픈 자리에 서야 할 때인 것 같다. 저 가증스러운 괴물 목사에게 면죄부를 주기 위해서가 아니다. 원수를 사랑하라거나 용서하라는 지고의 명령에 즉각 순종해야 한다는 강박도 아니다. 그 누구도 아닌 나 자신과의 화해가 필요하기 때문이다. 피해자인 나와 공범인 내가, 눈뜬 나와 눈멀었던 내가, 지금의 나와 과거의 내가 화해하지 않는 한 우리는 앞으로 나아갈 수 없다. 목사를 향해 타오르는 분노는 실은 어리석었던 과거의 나를 향하는 것임을 깨달을 때이다.

자발적으로 내주었던 황금을 돌려받아야 한다. 내게 주어진 권위, 성장하게 하는 힘, 하나님 그분을 내 안에서 찾아야 한다. 자발적으로 내주었던 황금을 되돌려 받는 일이 순조롭게만 되지는 않는다고 한다. 다툼과 갈등을 겪을 수도 있다. 로버트 존슨은 맡겼던 황금을 돌려받을 때를 두고 "방을 나설 때는 우리가 이제 떠난다는 사실을 스스로에게 확인시키기 위해 방문을 소리 나게 닫아야 할지 모른다"고 한다.• 한때 존경했던 목사에게 실망하고, 때로 그와 맞서 싸우던 시간은 방문을 소리 나게 쾅 닫는 의식이었는지 모른다. 그렇게 고통스러울 필요는 없었겠지만 어쨌든 그렇게 쾅 소리를 내며 닫지 않고는 쉽게 탈출하기 어려웠던 방이다. 종교 중독자로 사는 의존적인 삶, 영적 학대를 사랑과 돌봄으로 착각하던 세계에서의 탈출 아니던가.

내게도 존경했고 닮고 싶었던 목회자들이 있었다. 안타깝게도 그들의 바닥을 보게 되었다. 실망감과 배신감에 갈피를 잡지 못하는 시간을 지나왔다. 젊은 날 감동하며 배웠던, 그리하여 지금의 나를 만드는 데 일조한 모든 것을 무화하고 싶었다. 그것은 오늘의 나를 부정하는 것이니 지금의 나를 미워할 수밖에 없었다. 캄캄한 나날이었다. 여러 번 쾅쾅 소리 나게 문을 닫으며 방을 나왔다. 등 뒤의 문은 닫혔는데 앞으로

• 로버트 A. 존슨, 『내면의 황금』, 인간사랑

나아갈 곳은 없었다. 황금을 돌려받는 일은 막막하고 무거운 일이다.

그러나 내 황금의 무게를 스스로 견디겠노라 했을 때 제대로 보이는 것이 있었다. 목사였던 존경하는 아버지를 사춘기에 잃었다. 그 자리를 대신할 대리자를 찾아 '목회자'의 인정과 칭찬에 목을 맸다. 목회자의 좋은 면을 과장하여 받아들였고, 그때마다 나의 황금을 기꺼이 가져다 바쳤다. '사랑'이란 이름의 영적 학대가 부메랑이 되어 돌아온 것은 자연스런 수순이었을 것이다.

'젊은 날의 나'와 그때 그 목회자를 싸잡아 미워하는 혐오 놀이를 이젠 멈추려고 한다. 영적 위력을 가했던 사실, 그래서 내 몸과 영혼에 남긴 상흔을 잊겠다는 뜻은 아니다. 잊히지도 않는다. 당장 용서하겠다는 것도 아니다. 시편의 적나라한 기도를 빌려 기도한다. "나의 대적들이 욕을 옷 입듯 하게 하시며 자기 수치를 겉옷같이 입게 하소서."▲ 그들의 보이지 않는 악이 만천하에 드러나 수치를 당하면 좋겠다. 그 바람을 담은 기도와 함께 처분은 심판자의 손에 맡긴다. 그리고 나는 나의 걸음을 내딛겠다. 내 몫의 황금을 지고 나만의 길을 가겠다.

▲    시편 109편 29절

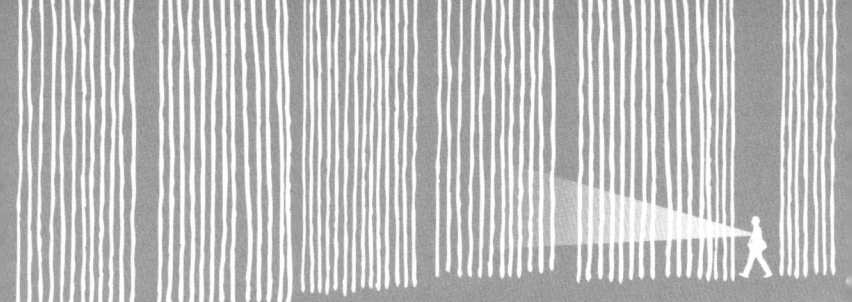

2부

그러면
기도하지 말까

## 5

### 영적 비신자, 종교적 신자

우리 집에는 무신론자가 한 명 있다. 한 번씩 확고하게 표명하곤 한다. "하니님이든 부서님이는 나는 신은 없다고 생각해." 말과는 달리 교회는 빠지지 않고 나간다. 열여섯 나이에 맞게 주일학교 수련회를 즐거워하고 또래와 어울리기도 한다. 흔히 말하는 모태신앙인데 철이 들어 자기 생각을 분명하게 말할 수 있게 된 이후로 한결같이 말한다. "나는 하나님을 믿을 수가 없어." 이 말에는 대체로 울분이 깔려 있다.

    나는 그 울분을 안다. 초등학교 1학년 때 아이의 할아버지가 돌아가셨다. 직장 생활을 하는 엄마를 대신해 낮의 엄마가 되어 주신 할아버지이다. 갑자기 암 선고를 받으시고 두 달이 지나지 않아 돌아가셨다. 거의 매일 저녁 할아버지를 찾았다.

아이는 상황을 잘 이해하지도, 받아들이지도 못했지만, 함께 기도하자는 어른들 말을 따랐다.

돌아가시기 하루 전날(우리 모두 그날이 마지막인 것을 알지 못했던 그날) 아빠와 함께 할아버지가 타신 휠체어를 밀고 병원 뜰을 산책하던 아이는 풋매실 두 알을 땄다. 하나는 할아버지 것으로, 하나는 제 것으로. 다음 날 임종 소식을 들었다. 장례식 내내 아이는 한 번도 눈물을 보이지 않았다. 도통 모르겠다는 얼어붙은 표정으로 사촌 누나들 사이를 배회하곤 했다. 다음 해 여름, 매실청을 담그려고 손질하는데 아이가 말했다.

"엄마, 할아버지 병원에 계실 때 내가 매실 따서 드린 거 알아? 엄마랑 아빠랑 병원에서 울고 있을 때 내가 혼자 할아버지 침대에 가 봤는데 내가 드린 매실이 있었어. 내 주머니에도 매실이 있었어. 매실 두 개를 다 밖에다 던져 버렸어. 화가 나서 던졌어."

슬픔 대신 분노를 느꼈던 것이다.

몇 년 후 세월호가 가라앉았다. 많은 사람이 그랬던 것처럼 우리는 그 이전과 같은 삶을 살 수 없게 되었다. 그해 봄과 여름 간간이 광화문에 피케팅을 나갔다. 주목받는 것을 몹시 힘들어하는, 그래서 사람들 앞에 나서지 않는 아이가 엄마와 함께 광장에 섰다. 손수 만든 피켓에는 "세월호에 있던 형과 누나들이 불쌍해요. 엄마 아빠들이 불쌍해요. 진실을 알게 해 주세요"라는 글귀가 적혀 있었다. 엄마의 제안을 고민 끝에 수락한 것이지만 이렇듯 내향적인 아이가 피켓을 들고 광장에 섰다는 것은 큰 용기였다.

아이가 하나님을 믿지 않는다고 더 강력하게 피력하게 된 것은 이때부터였다. 홀로코스트에 관한 책을 읽거나 영화를 찾아보면서 자기 확신을 굳혀 가는 것 같았다. 영화 '피아니스트(The Pianist, 2002)'를 보고 나오더니 거실의 카펫을 발로 차고 심술이 난 것처럼 왔다 갔다 하며 말했다.

> "도대체 유대인들이 어떻게 하나님을 믿을 수가 있겠어. 이런 일을 겪고 어떻게 하나님이나 신 같은 걸 믿을 수 있겠냐고. 연예인이 한 사람 죽어도 우리가 그렇게 충격을 받는데. 세월호에서 삼백 몇 명이 죽고 우리가 다 그렇게 힘들었는데. 그렇게 많은 사람이 한꺼번에, 그렇게 잔인하게 죽었는데…. 어떻게 하나님이든 부처님이든 종교라는 걸 믿을 수 있어. 하나님이 있다는 건 말이 안 돼."

부재로 현존하시는 하나님을 어찌 설명할 수 있을까. 가끔은 여러 말로 아이와 논쟁도 해 보지만 나는 나 자신조차 설득할 수 없었다. 더듬어 보면 수년 전 호스피스에서 매실 두 알을 팽개치던 그때, 어쩌면 아이는 할아버지를 고쳐 달라는 기도에 응답하지 않은 하나님을 버렸는지 모르겠다.

스캇 펙에 따르면, 이 아이는 영적이긴 하지만 종교적이진 않은 아이이다. 스캇 펙은 신앙 성숙의 복잡함을 이해하기 위해 영성과 종교, 두 용어를 혼동하지 말아야 한다고 했다. 종교는 "특정한 신조를 가지며 그에 합당한 자격의 한계를 정하고 있는 믿음의 구성체"로, 영성은 윌리엄 제임스(William James)의 『종교적 경험의 다양성』(한길사)을 인용하여 "만물을 지배하는 보이지 않는 질서와 조화를 이루기 위한 시도"라 정의하였다.•

기독교적 신조에 대한 확신이 없기에 그에 따른 종교적 행위도 미미하지만 최소한 더 높은 힘을 향한 갈망은 큰 아이이다. 1년에 성경을 수회 통독하고 수십 년 새벽 기도를 이어 오는 신자가 누구보다 편협하여 배제하고 혐오하는 일을 서슴지 않는다면, 그는 종교적이긴 하나 영적이진 않은 것이다. 이 시대 개신교의 문제는, 지나치게 종교적일 뿐 영성은 없는 사람들이 만든 편협한 하나님일지도 모른다. 무신론자 아

• 스캇 펙, 『그리고 저 너머에』, 열음사, 347쪽

들에게서 "만물에 대한 보다 높은 차원의 힘"을 찾는 구도자로의 면모는 충분히 느껴진다. 그렇다고 내 마음이 편한 것은 아니다.

종교 중독에 가까운 신앙을 가진 나. 일찍이 종교의 옷을 입고, 옷이 나인지 내가 옷인지 모르고 살았던 내게 "하나님은 없다"는 아들이 나오다니. 내가 받아 온 의무로서의 신앙 교육이 싫어서 다르게 키워 보자는 마음이 있었음에도 사실을 말하자면 철렁 내려앉는 마음을 고백하지 않을 수 없다. 매일 저녁 의무로 하는 가정 예배가 싫었던 어린 시절을 떠올리며 '패밀리 데이'라는 이름으로 일주일에 한 번 아이들과 놀다 춤추다 기도하는 시간을 보냈었다. 대림 시기에 맞춰 크리스마스트리를 만들고 한 주 한 주 대림초에 불을 밝히며 그분의 오심을 기리곤 했다.

대놓고 믿음을 강요하지는 않았지만, 가족의 일상에 스민 하나님을 자연스레 받아들일 것으로 생각했다. 내심 기대도 컸고 이만하면 괜찮은 신앙 교육이라는 자부심도 있었다. 제 스스로 성경을 찾아 읽을 날이 있겠지. 제 하나님을 찾으며 기도할 날이 있겠지. 기대와 달리 더욱 회의론자가 되어 가는 아들이다. 스스로 큐티를 한다거나 수련회에 가서 뜨겁게 기도했다는 주변 아이들 얘길 들으면 옆집 아이 성적 오른다는 얘기처럼 신경이 쓰이고 불안해지기도 했다. 이러다 정말 아이가 하나님을 만나지 못하면 어쩌지? 영영 복음을 받아들이지 않는다면?

어느 주일 예배 시간, 이 찬송을 부르다 갑자기 목이 메었다. "또 우리 자손들 다 주를 기리고 저 성전 돌같이 긴하게 하소서. 주 구원하신 능력을 주 구원하신 능력을 늘 끝날까지 주소서." 하나님이 없다는 말을 입에 달고 사는 아이가 구원의 능력을 입을 수 있을까. 이 아이의 신앙은 그리고 나의 신앙은 제대로 자라고 있는 것일까.

신앙이 좋다는 것, 성숙하다는 것의 기준은 무엇일까. "믿습니다, 믿습니다" 발화 빈도수가 그 척도일까. 새벽 기도 출석률이 신앙 좋음과 비례하는 것인가. 아니면 술 담배 끊고 십일조를 하게 되었다? 영적으로 자라는 사람에게는 어떤 변화가 일어나는 것일까. 스캇 펙은 영적 성장에 누구보다 깊은 관심을 두고 연구한 정신의학자이다. 정신과 치료를 하는 동안 이상한 일을 경험했다고 한다. 어려움에 부닥친 많은 종교인이 찾아와 치료 과정을 끝낸 후에 흔히 무신론자·불가지론자·회의론자가 되는가 하면, 고통에 처한 무신론자·회의론자가 치료 후에 신앙이 깊은 사람으로 바뀌었다는 것이다.

같은 치료사가 같은 방법으로 치료를 성공적으로 이끌었으나 종교적 관점에서는 전혀 다른 결과가 나왔다. 이 앞뒤가 맞지 않는 경험을 통해 스캇 펙이 깨달은 것은 이것이다. "우리가 영적으로 같은 상태에 있지 않다!" 그리고 인간의 영적 생활에는 검증할 수 있는 단계가 있음을 발견했다. 스캇 펙의 영적 발달 4단계를 길게 인용하려 한다.•

1단계는 혼란스럽고 반사회적인 단계이다. 실질적인 믿음이 시작되지도 않았고 훈련되지 않았다는 의미에서 '혼란스러움'이다. 자신 이외의 누구에게도 관심이 없기에 다른 사람을 사랑할 줄 모르고 사랑하는 척한다 해도 (스스로 그렇게 생각한다 해도) 본질적으로 남을 조종하려 하고 이기적이기 때문에 '반사회적'이다.

2단계는 형식적·제도적인 단계이다. 대부분의 교인이 여기 속한다고 하는데, 이 단계의 특징은 종교 형식에 대한 집착이다. 따라서 제도적 또는 형식석이라고 부른다. 하나님을 외적이며 초월적 존재로 바라보며, 내면에 존재하시는 성령을 거의 이해하지 못한다. 이 단계 사람들에게 하나님은 '하늘에 계신 거대하고 친절한 경찰'이다.

3단계는 회의적이고 개인적인 단계이다. 더는 제도에 의존하지 않고 자율적인 인간이 되고자 한다는 의미에서 '개인적'이다. 개인적이긴 해도 1단계처럼 반사회적이지는 않다. 오히려 자주 사회적 대의에 깊이 투신한다. 과학적이고 이성

• 스캇 펙, 『스캇 펙 박사의 평화 만들기』, 열음사, 240쪽

적인 사고방식을 가진다는 의미에서 '회의적'이다. 더욱 진보된 3단계 사람들은 적극적으로 진리를 구하는 사람들이다. 영적 문제에조차 회의적이지만 분명 2단계에 만족하는 사람들보다 영적으로 더 발달했다고 스캇 펙은 말한다.

4단계는 신비적이고 공동체적이다. 가장 성숙한 영적 단계로, 이 사람들은 이성적이지만 이성을 맹신하지 않는다. 그들은 자기가 품은 의문에 대해 의심하기 시작한다. 나와 타자와 모든 피조물이 밀접하게 연결되어 있음을 느끼기에 '공동체적'이고, 신성한 것을 향한 인식이 열리고 신비에서 편안함을 느낀다는 의미로 '신비적'이다.

스캇 펙은 단계들을 단순하게 생각하고 적용해서는 안 된다고 말한다. 각 단계와 단계 사이에 서 있는 사람이 있을 것이고, 대개는 이 단계 저 단계 왔다 갔다 한다. 실제 단계보다 더 앞선 것처럼 보이는 사람도 있을 수 있다. 외형적으로는 종교적인 사람으로 보일 수도 있지만, 실제로는 믿음의 발달을 시작하지도 않은 1단계일 수도 있다. 회의론자로서 교회 개혁을 위해 앞장서는 사람은 3단계처럼 보이지만 실제로는 오직 자기 뜻대로 하고 단지 남을 조종하려는 반사회적 마음의 동인에 따른 행동일 수도 있다. 회의론자인 양 행동하고 선망하지만, 내적으로 누구보다 형식적·종교적 단계에 머물러 있을 수도 있다.

각 단계에는, 단계별 사람들의 취약함을 이용하여 자기 욕망을 채우는 지도자도 있을 것이다. 2단계 사람들의 '벌하시는 하나님'에 대한 두려움을 담보 삼아 헌금과 헌신을 강요하는 지도자들이 있을 것이다. '개혁'이라는 이름의 속 시원한 날 선 비판으로 3단계 회의론자들의 귀를 잡아당기지만, 실제 동인은 자아도취와 이기심인 지도자가 있을 수 있다. 삶과 신앙의 원리를 통달한 것인 양, 신비가를 자처하여 시대의 목마른 사람들을 끌어모을 수도 있다. 알 수 없는 한 가지는, 영적 지도를 가장한 이러한 농간을 통해서도 어떤 사람들의 신앙이 자라게 된다는 점이다.

누가 어느 단계에 있는지 그 누가 단정할 수 있단 말인가. 단계마다 틈입하여 자기 유익을 구하는 삯꾼 목자가 누구인지 어떻게 다 변별할 수 있겠는가. 그런 이들을 통해서도 믿음을 전수받는 사람이 있으니 그 신비를 어찌 풀어낼 수 있단 말인가. "그가 남은 구원하였으되 자기는 구원할 수 없도다."• 예수님을 조롱하던 대제사장과 서기관들의 말은 그 삯꾼들에게 돌려줄 일이다.

영적 성숙을 향한 갈망이 컸던 내게 이렇듯 검증 가능한 영성 발달 단계는 위로였다. [스캇 펙 이전에는 제임스 파울

• 마가복음 15장 31절

러(James Fowler)의 『신앙의 발달 단계』(한국장로교출판사)•가 있었다. 스캇 펙은 파울러의 연구를 참고했다고 밝히고 있다.] 누구에겐 유치하겠지만 가장 큰 위안은 그런 것이다. 기도 중에 뭘 그렇게 잘 보는 사람들이 있다. "내가 기도해 보니까, 너 요즘 힘들구나" 하는 말을 건네 오는데, 생각해 보면 내가 요즘 힘이 든다. (힘들지 않은 날이 어디 있다고!) 흔히 말하는 '영빨'이 센 사람들이다. 그 주관성의 폭력에 거부감이 들기도 하지만 동시에 위축되는 것도 사실이다. 더 깊은 차원의 기도, 더 깊은 하나님과의 관계를 얼마나 갈망하는데, 내게는 그런 '영빨'이 1도 없으니 말이다. 내 영성이 제대로 가고 있나 싶기도 하고. 예수님 시대부터 사람들은 표적을 구했고, 나 역시 어리석은 그들의 후손이라 성숙에 대한 뚜렷한 지표를 갈구했었다. 스캇 펙이나 제임스 파울러가 주는 위안은, 종교적이며(2단계) 동시에 의심하고 회의하는(3단계) 어쩌면 지독한 이기주의로 반사회적이기도 한(1단계) 나도 그럭저럭 잘 가고 있다고 하는 것 같기 때문이다. 스캇 펙이 강조하는 것처럼, 우리가 각기 다른 영적 발달 단계에 있다는 점은 공동체를 방해하기보다 촉진하는 역할을 한다. 높은 발달 단계에 있는 사람이라도 그 이전 단계의 흔적을 가지고 있다.

• 제임스 파울러, 『신앙의 발달 단계』, 한국장로회출판사

리처드 로어는 어떤 사람이 현재 영적 단계가 참으로 이전보다 더 성숙한 단계인지 알아보는 리트머스는 그 이전의 모든 단계를 존중하느냐 아니냐 여부에 있다고 했다.▲ 그러니까 기도가 조금 깊어졌고 신앙의 다른 차원을 깨닫게 됐다고 하여 어떤 이의 기도를 기복적이라 손가락질하거나 저급한 신앙으로 단정 짓고 있다면 그리 멀리 오지 못했다고 인정하는 편이 낫다.

스캇 펙과 제임스 파울러, 리처드 로어를 소환하여 길게 떠들어 댔지만 한 사람이 하나님과 관계를 맺어 가는 그 여정을, 그 자신과 하나님 외에 누가 알 수 있겠는가. 이 글을 쓰는 동안 놀라운 일이 있었다. 회의론자 아들이 뜬금없는 고백을 한 것이다. 아이의 마지막 말처럼 모를 일이다. 오직 모를 뿐이다.

"엄마, 내가 원래 하나님을 안 믿잖아. 알지? 내가 목사 아들이지만 교회는 원래 다녔으니까 그냥 다니는 거고, 예수님을 믿어서 다니는 건 아니라는 거. 그런데 실은… 내가 왜 이렇게 됐는지 모르겠는데, 어, 실은… 엄마, 나 요즘 기도해. 뭘 해 달라 이런 기도는 아니고. 그냥 굉장히 모순적인 기도를

▲    리처드 로어, 『벌거벗은 지금』, 바오로딸, 156쪽

해. 말하자면 나한테 믿음이 없잖아. 아씨, 나 믿음, 은혜 이런 말 싫어하는데…. 아무튼 내가 믿음이 없으니까 하나님을 믿는 믿음을 달라고 기도하게 되거든. 그런데 그 기도를 내가 아직 확실히 믿지 않는 하나님에게 하는 거야. 말이 안 되지? 사실 믿고 싶어서 기도하는 건 아니야. 나는 아직도 하나님이 있다는 걸 안 믿어. 그런데 안 믿는 하나님에게 믿게 해 달라고 기도라는 걸 하고 있다니! 이런 모순적인 기도를 계속해야 하나? 그런데 나도 모르겠어. 내가 왜 기도하게 됐는지…."

## 6

### 그러면 기도하지 말까

기도 얘기다. 내 뇌 속에서 기도와 엄마는 한 뉴런으로 연결되어 있다. 기도를 논하려면 나의 엄마 이야기를 해야 한다. 기도 시간의 양으로 보면 엄마만큼 기도하는 사람을 만나지 못했다. 새벽 기도, 철야 기도, 특별 새벽 기도(그냥 새벽 기도와 다르다), 특별 철야 기도(마찬가지로 보통의 철야 기도와 다르다), 금식 기도까지. 엄마 평생에 드린 기도 시간을 모두 합하면 몇 년쯤 될까. 가늠할 수가 없다. 놀라운 일이다. 더 놀라운 것은 오랜 기도 시간 동안 크게 달라지지 않는 기도 제목, 그 한결같음이다.

엄마의 성경책 표지 안쪽에는 기도가 필요한 사람의 이름이 빼곡하다. 또 나라와 민족과 교회를 위한 기도 제목도 빠지지 않는다. 하지만 언제나 가장 절실한 기도는 자녀를 위한 기도. 요약하자면 아들딸의 학업·취업·결혼·건강·재물(운세… 는 아님) 등. 내 어릴 적부터 지금까지 한결같다. 아시시의 프란치스코(San Francesco d'Assisi), 아빌라의 테레사 같은 영성가들은 깊은 기도 끝에 몸에 성흔이 생기는 신비로운 하나님 체험을 했다는데. 기도의 시간으로 치면 우리 엄마도 그들 못지않을 텐데, 우리 엄마는 어찌 '자녀들의 안녕'에만 머물러 있을까. 아니, 체험으로 치면 책 몇 권으로도 부족할 간증거리가 있다고 하신다. 한때 신유 은사를 받아서 중대한 병을 고치기도 했다며.

평일 낮에 '어머니 기도회'로 모이는 교회들이 꽤 있다. 가끔 그런 곳에 강사로 초대받아 가는데, 여성·일상 같은 주제로 내 삶의 이야기를 나누곤 한다. 가끔 강의 제목이 정해져 올 때가 있다. '기도하는 엄마', '엄마가 기도할 때' 같은 제목일 때는 가서 해야 할 이야기가 무엇인지도 명확하게 전해져 온다. 엄마가 눈물의 기도를 뿌릴 때 아이들이 어떻게 잘 자라는지, 좀 더 쉽게 말하면 엄마가 쌓은 기도 포인트로 아이 인생에서 바꿀 수 있는 상품은 무엇인지를 알려 주는 일이다. 그리하여 기도에의 열망을 불러일으킨다면 임무 수행 완료다. 그런데 나는 잘 그러지를 못한다. '어머니 기도회'의 조상님이라 할 수 있는 우리 엄마의 기도를 알기 때문이다.

나는 사실을 말할 수밖에 없다. "당신이 아무리 기도해도 아이가 꽃길만 걷지는 않는다"고 말해야 한다. 평생 자녀를 위해 당신들보다 열 배는 더한 기도를 드린 어머니를 알고 있다. 결과가 썩 좋지 않다. 엄마의 절절한 기도에도 나는 대학 입시에 실패했고, 친구들 중 마지막으로 결혼을 했으며, 경제적으로 넉넉했던 적이 없다. 학기가 시작하는 3월과 9월에는 좋은 선생님, 좋은 친구 만나라고 드린 철야 기도가 무색하게 몰상식한 선생을 만나기도 했고, 왕따로 고통받기도 했다. 엄마의 기도는 아이의 꽃길 인생을 보장하지 않는다.

솔직히 어머니 기도회가 불편하다. 내 엄마의 기도를 바라보던 복잡한 마음과 크게 다르지 않다. 어머니와 기도, 지고의 숭고함을 언표하는 두 단어가 만났지만, 실상은 전혀 그렇지 않은 듯하니 말이다. 결국 '내 아이 잘되게 해 주세요' 아닌가. '잘되는' 번영의 신학과 '내 아이만'이라는 이기심이 화학 반응을 일으킬 때 어떤 일이 일어날지 안 봐도 불을 보듯 훤하다. 실제로 어머니 기도회가 흥하는 동네가 따로 있다는 것을 나는 알게 되었다. 아이는 오직 학업에 열중하고 엄마는 떡을 써는 심정으로 아이 옆을 지키는, 아파트와 학원가로 이뤄진 조용한 중산층 동네. '기도'라는 말만 뺀다면 대학 입시에 올인하여 아이들과 한 몸으로 뛰는 입시 공화국 '대한민국 엄마'들과 무엇이 다를까 싶기도 하다.

솔직히 나는 그런 부류의 엄마들과는 다르다는 자의식이 있다. 아이를 학업 노예로 키우지 않으며 좋은 대학 보내는 것에 목숨 걸지 않는다는 자부심, 은밀한 우월감이 있다. 더 솔직히 말하자면 기도에 관해서도 그렇다. 기도의 절대 시간이야 우리 엄마를 따를 수 없지만, 질적 수준은 내가 더 높지 않겠나 하는 것이다. 기도로 90 평생을 살았다 할지라도 여전히 복을 구하는 기도에 머물러 있는 엄마와는 다르다는 자의식이다. 청원하는 기도가 아니라 하나님의 뜻을 구하는 기도, 방언 기도가 아니라 침묵 기도, 관상 기도를 하니 더 높은 단계를 구가하고 있는 것 아닌가.

얼마 전 어느 어머니 기도회에 초청을 받아 갔다. 은밀한 우월감은 부드러운 말투와 겸손한 태도로 잘 포장하고 강단에 섰다. 강의를 마치고 내려와 이어지는 기도회에 앉아 있게 되었다. 입시의 계절이 다가오고 있으니 고3 수험생 엄마들의 기도가 절절하다는 것을 느낄 수 있었다. 와글와글 엉엉, 엄마들의 통성 기도에 둘러싸여 섬처럼 앉아 있다 혼자 뒤통수를 맞는 경험을 했다. 그 소리들이 나를 벌거벗기는 것 같았다.

'아이가 고3인데, 수능을 코앞에 두고 있는데, 시험 잘 보게 해 달라는 기도가 뭐 그리 잘못이라고! 잘되라는 기도, 복을

구하는 기도가 뭐 그리 잘못이라고. 그러면 기도하지 말까?'

내 안의 내가 고상 떠는 내게 말했다. 눈물 콧물로 얼룩지는 어머니들의 얼굴 옆에서 풀 메이크업을 하고 있는 데면데면한 내 얼굴이 한없이 민망했다. '기복적인 기도라고, 욕망에 찬 기도라고 함부로 발로 차지 마라. 너는 그리 뜨겁게 기도해 본 적이 언제더냐.' 내 마음이 연탄재처럼 나뒹굴었다. 누가 누구의 기도를 함부로 평가하고 줄을 세울 수 있단 말인가. 실은 기도회가 시작되기 전, 강의 중에 엄마들 눈을 보았다. 우리 엄마의 기도로 내가 꽃길을 걷지는 않았지만 엄마의 가시밭길을 건너는 힘이었을 것이라 말했을 때였다. 그러니 우선 내 1인분의 믿음, 1인분의 사랑을 채우기 위해 기도하자고 말했을 때, 흔들리고 촉촉해지는 눈동자를 본 것이다. 그때부터 내 높은 마음은 무너지기 시작했다.

존재의 심리학자라 불리는 에이브러햄 매슬로(Abraham H. Maslow)는 흔히 알려진 5단계 욕구 이론을 주창했다. 인간의 기본 욕구를, 가장 낮은 생리적 욕구부터 마지막 5단계의 자아실현 욕구로 설명한다. 1단계는 생존을 위한 욕구, 그러니까 의식주 같은 것들이다. 2단계는 신체적·정서적 위협으로부터 보호받고자 하는 안전의 욕구, 3단계는 집단에 소속되어 애정을 나누고자 하는 사회적 욕구, 4단계는 사회적으로 인정받고 존중받고 싶은 존중·존경의 욕구이며, 마지막 5단계는 가장 자기답게 꽃피우고 싶은 자기실현의 욕구이다.

매슬로는 하위 욕구가 충족되지 않으면 상위 욕구로 나아가지 못한다고 했다. 즉 생존의 문제가 해결되지 않았다면 온통 세상이 먹을 것, 입을 것으로 보인다는 의미일 것이다. 애정을 미해결 욕구로 품고 있다면 그 단계에 머물러 온통 사랑받는 것에 매여 있을 터이다. 나는 우리의 기도 제목을 범주화한다면 매슬로의 욕구 단계와 비슷하지 않을까 생각한다. 당장 배고파 죽게 생겼는데 애정 운운하게 될까. "사랑이 밥 먹여 주냐"는 말이 나올 것이다. 배가 고플 때 배를 채우는 것을 구하고, 안전에 위협을 느낄 때 보호를 구하는 것은 정직한 기도이다. 때로 나는 더 성숙한, 고상한 신앙인이고 싶은 마음에 내 솔직한 욕구를 무시하고 초월적인 기도에 사로잡힐 때가 있다. 철든 척하고 싶은 어린아이처럼.

테야르 드 샤르댕(Teilhard de Chardin) 신부 말처럼 우리는 "영적 경험을 가진 인간적 존재가 아니라, 인간적 경험을 가진 영적 존재"이다.• 영성 생활과 기도의 출발점은 지질하고 하잘것없는 인간적 경험이어야 한다는 뜻일 것이다. 그러니 우리 엄마의 한결같은 기도 제목을, 어머니 기도회의 기도를

---

• 스테파니 도우릭, 『일기, 나를 찾아가는 첫걸음』, 간장, 230쪽

함부로 판단하지 않을 일이다. 물론 더 깊어지고 넓어지는 기도 생활, 더 고상한 욕구를 담아내는 기도로 성장하는 것은 각자의 몫일 것이다. 아, 각자의 몫일까? 오롯이 각자의 몫일까? 매슬로의 욕구 단계 이론은 그의 생애 후기에 수정되었다고 한다. 즉, 낮은 단계의 욕구가 충족되지 않아도 더 높은 차원의 욕구를 갈망할 수 있는데 그것은 주로 종교를 통해서 가능하다고 하였다. 욕구 단계가 위계와 서열에 따르는 것이 아니라 넘나들 수 있다는 뜻으로 들린다.

시험 기간 '어머니 기도회'에 나온 엄마의 마음에 단지 아이가 시험을 잘 보게 해 달라는 기도 제목만 들어 있을까. 그렇지 않을 것이다. 자신이 인식하든 못하든 그 엄마에겐 더 깊은 욕구, 영적 갈망이 있음이 분명하다. 그렇지 않다면 왜 굳이 '기도의 자리'에 나와 앉아 있겠는가. 하나님의 형상이며 영적 존재인 우리에겐 자아실현의 욕구 그 너머에는 자기 초월에 대한 갈망이 있다. 성숙하여 자아실현에 도달한 사람들은 필연 예수님 닮은 자기 초월을 지향하고 선택하게 되어 있다. 나의 필요를 구하는 기도로 시작해 그의 나라와 그의 의를 구하는 기도로 진보할 수도 있다는 사실을 심리학이 말해 주고 있는 게 아닌가.

기도하는 사람은 무죄다. 개인적 안위를 구하는 데 머물러 있거나 때로 기복적이기만 할지라도 그렇다. 더 큰 힘, 그

나마 하나님께 머리를 조아리는 것이 어딘가. 문제는 그 간절함을 미끼로 종교 장사를 하는 목회자들이다. 기도 자리에 나온 이의 욕구를 식별하게 하여 더 깊은 갈망을 일깨워 주지는 못할망정 그 간절함을 담보로 삼아 자기 권력을 쌓는 자들 말이다.

마이크만 잡으면 성령 충만(?)한 언어가 청산유수인 목사가 있다(고 치자). 설교도 설교지만 기도회 뜨겁게 인도하기로는 타의 추종을 불허하는데, 심장박동 수 올리는 BGM과 적당하게 감미로우면서도 선동적인 목소리로 천천히 불을 지피는 방법을 안다. 성능 좋은 마이크와 스피커를 타고 흐르는 적당히 선동적인 기도 선창에 청중의 소리가 끌려가지 않을 방법이 없다. 높아지는 기도 소리, 점점 달아오르는 분위기.

마이크를 턱 밑에 대고 기도의 폭포수를 뿜어 대는 하얀 셔츠의 인도자가 오른팔을 든다. 예배당 한구석 방송실을 향하여 두 번째 손가락을 들어 가리킨다. 손바닥을 위로 향하게 하여 파닥거리며 올린다. 눈을 감은 채로, 통성 기도 소리는 멈추지 않은 채로 무언의 지시를 내리는 것이다. 응원단장이라면 소리를 지르라는 뜻이고, 방송실을 향했으니 BGM을 이빠이(네, 여러분이 아는 바로 그 이빠이!) 올리라는 뜻이다. BGM 볼륨이 올라가자 통성 기도의 아우성도 함께 격렬해진다. 눈물이 흐르고 가슴이 뜨거워진다. 어머니들은 큰 은혜를 안고 돌아간다.

성령의 역사를 부인하지 않는다. 성령께서는 예측할 수 없는 방식으로 우리에게 침노하신다. 그분의 침노에 가슴이 뜨거워지기도, 통곡을 하기도, 형언할 수 없는 기쁨을 맛보기도 한다. 문제는 다른 목적을 품고 그것을 연출하고 연기하는 자들이다. 기도라는 가장 숭고한 행위를 수단 삼아 교인들을 종교 행위에 묶어 두고 위력을 행사하는 자들이다.

기도 외에 할 게 없다는 마음 가난한 이들에게 허튼 기도 응답의 환상을 심어 주는 것으로 복음을 대체하는 자들 모두 유죄! 화술도 부족하고 기도회 인도하는 현란한 기술은 없으니 새벽 기도, 특별 새벽 기도, 온갖 기도회 출석률로 교인들의 죄책감과 두려움을 사숙하는 목회자 유죄! 이제야 의식화하여 영적인 삶에 눈을 뜬 이들에게 기복의 기도는 무조건 나쁘다고 가르쳐 냉소를 조장하는 성경 교사들도 유죄! 자신의 과거를 혐오하게 되어 그나마 하던 기도조차도 하지 못하며 방황하는 사춘기 교인들에 영합하여 침 뱉고 욕하는 것으로 인기 얻는 얼치기 영적 사춘기 선배들 유죄! 내 유익을 위해서 타인의 영적 성장을 가로막는 모든 어른, 부모, 영적 지도자 유죄! 그러니 이제 기도 따위는 하지 않겠다고 주먹 꽉 쥔 우리 모두 유죄! (유무죄 판단의 주체는 누구냐고? 나다. 신학적 지식이라곤 없는 필자의 지극히 개인적인 판단이니 크게

'괘념하시길' 부탁드린다.)

다시 내 어머니 이야기이다. 아흔을 넘긴 엄마에겐 남아 있는 언어가 많지 않다. 했던 말 또 하고, 또 하고, 또 하는 것이 엄마의 일이다. 듣고, 듣고, 또 들어 드리는 것이 내 할 도리인 줄 아는데 쉽지는 않다. 그래도 늘 애쓰고 있다. 들어 드림의 끝은 대개 이 문장이다.

"기도 백이는 읎다. 너 사모가 기도허야 혀."

이 레퍼토리가 시작되면 자리를 털고 일어날 때가 된 것이다. 이젠 엄마가 말하지 않아도 기도밖에는 없는 것을 안다. 간절히 바라는 바, 더 깊고 풍성한 기도의 삶을 살고 싶다. 엄마처럼 기도하고 싶지만 엄마 기도만큼 싫은 것이 없다. 엄마의 사랑과 기도 덕에 지금의 내가 있다는 것을 안다. 하지만 엄마의 기도가 내게 남긴 폭력(그렇다 폭력이다!)의 기억을 엄마는 모른다. 앉혀 놓고 혼내고 말 일이지, 가정 예배 시간 기도의 말로 훈육을 대신했던 것은 일종의 폭력이었다.

'이건 기도야, 혼나는 거야' 헷갈렸던 기억. "엄마가 기도해 보니까 너 요즘…"으로 시작하여 나도 모르는 내 마음을 단정 짓기도 했다. "하나님 은혜다, 니가 잘나서 된 일이 아니여. 다 하나님 은혜여" 해 놓고 후렴구처럼 붙이는 말, "엄마가 얼마나 기도했는지 아니?" 다 하나님 은혜지만 기도는 엄마가 했으니 엄마를 찬양하라는 건가? 엄마는 잘 모르는 엄마 기도의 그림자를 안고, 나는 아직 투쟁 중이다.

내가 기도해 보니 이렇더라! 내가 기도해서 이렇게 된 것이다! 내가 기도하기 때문에 너의 길을 내가 알아! 이것만이 바른 기도야! 나의 체험만이 유일한 영성의 길이야! 교회 곳곳에서 우리 엄마를 만난다. 내 안에서 우리 엄마를 만난다. 기도 속의 소중한 체험을 들고 골방을 뛰쳐나와 목소리를 높이는 기도의 화신들이다. 깊은 기도 중에 누군가의 영적 상태가 보일 수도 있겠고, 하나님 뜻에 대한 확신으로 불탈 수도 있겠지. 하나님과 당사자 사이의 은밀한 사랑의 언어를 누가 가늠할 수 있겠는가.

소중한 체험일수록 은밀하게 간직할 일이다. 자기과시와 남을 통제하는 수단으로 떠벌리며 허비할 일이 아니다. 그럼에도 그 어떤 영성가의 기도보다 내 엄마의 기도를 사랑한다. 그럼에도 기도했기 때문이다. 그 모든 유혹에도, 그 유혹에 빠져 그림자를 드리우면서도 기도했기 때문이다. 나도 그러려고 한다. 내 그림자, 엄마의 그림자, 교회의 그림자를 안고 자주 유혹에 빠지지만, 그래도 기도는 하려고 한다.

# 7

## 착한 나쁜 그리스도인

M공화국이라 불리는 동네, M교회 바로 앞 아파트에 살았었다. 시기도 침 좋아서, 내 집 베란다에 앉아 M교회 대성전 건축을 목도하는 은혜를 누렸다. 주일에도 쉬지 않는 공사 소음에 인내심을 연단받는 시간이었다. 주일 아침과 특새가 있는 새벽마다 골목을 가득 메운 불법 주차 차량들로 시험이 들어 안티 크리스천과 한마음 되어 욕을 하고는 했다.

2018년 9월 13일 M교회 새벽 예배 설교 영상을 기사로 보았다. 출정 나팔소리로 들렸다. 맞을 만큼 맞았고 참을 만큼 참았으니 이젠 일어나 싸우라는 것 같았다. '당신들이 (순하고 착하여) 아무것도 아닌 것처럼 보이지만 다 일어나면 막강한 힘이 된다. 그러니 숨어 있으면 안 된다. 세습을 반대하는 교회 안팎의 누가 됐든 싸우라'고 독려하는 것 같았다. 특히 이 부분이 눈물나게 감동적이었다.

"우리는 악한 마음 하나도 없어. 그러나 우리 교회에 고통과 아픔과 저주와 멸망을 가져다주는 그분들을 잊으면 안 돼요."

이것은 흡사 조폭 큰 형님의 돌려 말하기 신공 같았다. "야야, 형님이 이런 것까지 신경 써야겠노?" 알아서 처단하라는 말씀이다. "그분들을 잊으면 안 돼요"라는 말이 꼭 그렇게 들린다. 아, 당회장 목사님(M교회 교인들은 꼭 그렇게 부르더라)께서는 교인들에게 평화가 아니라 검을 주러 새벽 강단에 오셨구나.

그 동네 살던 시절 가깝게 지내던 아이 친구의 엄마가 있었다. 열심 있는 M교회 교인이었고 좋은 이웃이었다. 가끔 부탁하여 M교회 여전도회에서 만든 돈가스를 사기도 했고, 이것저것 나눠 먹기도 했다. 출정식 설교를 들으며 그 엄마 얼굴이 떠올랐다. 그 엄마와 함께했던 또 다른 아이의 생일잔치가 불현듯 생각났다. 엄마들도 함께 오라는 초대가 있어서 뻘쭘했지만 발걸음을 했다. 아이들과 함께 엄마 몇이 있었고 연배가 더 높은 여자분도 와 있었다. 알고 보니 모두 한 구역 식구였고 나이 드신 언니는 구역장님이셨다. 나 들으라고 하는 애긴지, 평소 대화가 그런지 '당회장 목사님' 얘길 많이 했다. 당회장 목사님의 설교가 얼마나 좋은지, 그분이 얼마나 신령하신지가 주요 내용이었던 것 같다.

아직 그쪽에 살고 있었다면, 요즘 같은 시절 모닝커피를 같이한다면 어떤 대화가 오갈지 그려진다. 내 입에서 좋은 소리 나갈 리 없을 것이고, '숨어 있지' 않고 '잊지 않기로' 작정한 그들이 힘을 주어 방어할지 모른다. 이에 질세라 신앙 사춘기, 영적 중2병인 나도 물러서지 않고 공격할 것이다. 김하나님을 하나님 대신 섬기는 우상숭배를 지적할지 모른다. 아마도 내가 도발할 것이고, 착하고 순한 사람들이지만 그들은 교회의 명예를 지키려 할 것이다. 게다가 당회장 목사님의 선전포고도 있있으니 상공을 펼칠 것이다.

모르긴 해도 아직 그곳에 살고 있다면 싸울 것 같다. 필연코 M공화국 한복판에서 싸움을 걸고 있을 것이다. 내가 아니어도 교회와 당회장 목사님을 사랑하는 사람들은 싸울 운명에 처하고 만 것이다. 당회장 목사님을, 교회를, 하나님을 지키기 위해 싸울 것이다. 최선의 방어는 공격이라고, 세습의 '세'자만 나와도 선제공격을 할지 모른다. 그러다 온전한 정신의 친척과는 멀어지고, M교회 교패를 붙이지 않은 이웃과 단절될지 모른다. 그러면 그것을 주를 위해 받은 핍박으로 온전히 기쁘게 여길지도 모른다.

상상력을 과하게 발동해 본 것이다. 아이 친구 엄마와 그 구역 식구들 얼굴이 떠오른 것은 사실이지만 싸우는 장면은 상상일 뿐이다. 담임목사 수호를 위해, 십자가 군기 하늘 높이 쳐들고, 그의 군사 되어 용맹스럽게 나가는 이들을 많이 본 탓이다. 목사의 범죄를 덮는 일에 얼마나 맹목적인지 다정하던 교우를, 가까운 친척을 꽃뱀과 마귀 사탄으로 모는 일에 서슴지 않는 이들을 보면서 받았던 충격이 크다. 기독교 집안이라 이 교회 저 교회 친척이 널렸다. 내로라하는 범죄자 목사들이 있는 교회에 친척들이 있었고, M교회에도 가까운 친척이 있다. 연락이 뜸해져서 그렇지, 가까이 살던 때였다면 싸우고 말았을 것이다. 당회장 목사님, 존경하는 담임목사님을, 사랑하는 목사를 모욕하는 자는 원수에 불과하다.

대개는 순하고 착한 사람들이다. 목사에게만이 아니라 이웃에게도 그러할 것이다. 거절할 줄 모르고, 힘든 사람 그냥 지나치지 못하고, 기꺼이 희생하고 양보하는 착한 그리스도인들이다. 웬만하면 좋고, 웬만하면 괜찮고, 웬만한 건 다 은혜로 넘어가는 사람들일 것이다. 이런 이들이 대개 목사의 호위무사가 된다. 착하고 충성되고 순종적인 것이 무엇이 문제인가. 교회를 지키겠다는 것이, 분란을 막자는 뜻이 무엇이 문제인가.

착한 것도 죄가 될까? 은혜로 풀고, 형제(특히 형제라 부르기도 황송한 주의 종의) 허물을 덮어 주는 것이 뭐 그리 나쁜 일인가 말이다. 착한 것이 죄가 될까? 더는 가릴 수 없이 명백히 드러난 목사의 범죄 앞에서, 슬며시 호위무사 역할을 내려놓으며 하는 말들이 있다. "나는 순종한 죄밖에 없다!" 권력형 범죄에 연루된 이들 중에도 그렇게 말하는 사람은 꼭 있다. "내겐 아무 권한이 없었다. 나는 시키는 대로 했을 뿐이다."

2차 대전 중 나치의 친위대 장교로 유대인 학살에 가담한 아돌프 아이히만(Adolf Eichmann)이 1960년 5월 이스라엘 비밀경찰에 체포되었다. 아이히만이 예루살렘 재판정에 섰을 때 사람들은 '인간의 얼굴을 한 악마'를 확인하고자 했을 것이다. 기대와 달리 그는 '괴물'이 아니었다. 아내를 사랑하고 자식을 끔찍이 아끼는 지극히 평범한 한 남자였다. 심지어 친위대에 들어간 것도 친구의 권유를 받아 마지못해서였단다. 이 재판을 지켜본 한나 아렌트(Hannah Arendt)는 '악의 평범성'을 말했다. 아이히만이 유대인 말살이라는 반인륜적 범죄를 저지른 것은 그가 타고난 악마였기 때문이 아니라 아무런 생각 없이 자신의 직무를 수행한 결과라는 것이다. 아무 생각 없이, 성실하고, (어쩌면 착하게) 엄청난 살인을 저지른 것이다.

나빠서 나쁜 게 아니다. 착하고 성실하더라도 '아무 생각 없음', '사유와 성찰 부재'에서 악이 발생한다. 생각하지 않은 것이 죄이다. 내 행동과 말이 어떤 영향을 미치는지 생각하지 않은 죄, 한나 아렌트가 말하는 바 '무사유의 죄'이다. M교회 목회 세습은 몇 만 교인들이 깔아 준 '무사유의 죄'라는 멍석 위에서 가능할 터이다.

스캇 펙은 정치철학자 한나 아렌트의 진단에서 심리·영성적으로 한 발 더 나간다. 정신의학자로서 평생 수많은 사람을 상담한 스캇 펙은 과학적 태도로 객관적 추론을 통해 인간의 내면을 탐구하였으며 영성적 태도 또한 잃지 않았다. 영성적이라 함은, 그 자신이 정의하는 대로 "만물을 지배하는 보이지 않는 질서와 조화를 이루기 위한 시도"를 말한다.• 환자 한 사람 한 사람을 날카롭게 분석하되 보이지 않는 더 많은 부분을 인정하고 존중한 것이다. 과학적이며 영성적 태도로 인간 내면을 치유했던 그의 끝은 '회심'이었다. 마흔셋에 자발적으로 세례를 받고 그리스도인이 되었다.

내면에 대한 정직한 탐구로 신앙인이 된 그가 경험을 통해 얻은 확실한 결론은 '악은 존재한다!'이다. 악한 사람은 분명히 존재한다는 것이다. 상담하며 만난 어떤 사람들, 겉모습은 멀쩡하고 태도는 한없이 예의 바르며 심지어 도덕적인 듯 보이지만 끝없는 거짓말로 의사를 속이는 사람들로 혼란스러웠다. 그 지점에서 자신의 전공인 정신의학 서적 어디에도 나

• 스캇 펙, 『그리고 저 너머에』, 347쪽

와 있지 않은 질병에 그는 이름을 붙였다. 남을 속일 뿐 아니라 그 누구보다 자신을 속이는 '거짓의 사람들', 즉 악한 사람들이라고 하였다. 그의 저작 『거짓의 사람들』(비전과리더십)은 악한 사람들에 관한 탐구이다. 스캇 펙의 악인 역시 그저 나쁜 사람이기보다는 '착한 (모습을 띤) 나쁜' 사람이다.

> 악은 평범하고 정상적이며 심지어는 합리적인 것처럼 나타나는 경우가 훨씬 더 많다. 악한 사람들은 위장술의 도사이다. 그들은 다른 사람들에게든 자기 자신에게든 자신의 참된 색깔을 있는 그대로 열어 보이지 못한다.▲

고상하고 도덕적이거나 순종적인 모습을 띠고 일상을 살고 있을 사람들. 그들은 심지어 날카로운 논리로 부패한 교회를 비판하는 개혁가일 수도 있다. 누구보다 말과 글이 번지르르한 나 자신일 수도 있다. '너도 죄인, 나도 죄인, 인간은 모두 죄인'이라는 환원주의로 가자는 말은 아니다. 마르틴 부버(Martin Buber)를 인용하면 이렇게 구분된단다. 악으로 '미끄러져 들어가는' 과정 중에 있는 사람들과 이미 미끄러져 들어가

---

▲ 스캇 펙, 『거짓의 사람들』, 비전과리더십, 192쪽

'본질적인' 악에 먹혀 버린 '추락한 피해자들'이다.● 글쎄. 착하고 바른 모습을 띠고 어디에나 있는 악한 사람이 누구인지, 그가 지금 미끄러져 들어가는 과정에 있는지, 이미 먹혀 버린 상태인지 판단할 근거나 능력이 내겐 없다.

스캇 펙은 악에 관한 두 가지 본질을 제시한다. 인간 본성 안에 있는 악의 쌍두마차는 '지독한 게으름'과 '나르시시즘'이라고 한다. 여기서 게으름이란 성장을 위한 고통을 감수하지 않으려는 적극적 나태함이다. 스스로 생각하지 않으려는 게으름, 한나 아렌트의 '무사유의 죄'에 맞닿아 있는 것 같다. 생각하는 고통, 생각 끝에 올 변화와 성장의 고통을 맞닥뜨리지 않으려는 적극적 수동성이다.

깊이 생각하는 고통과 책임을 면피하는 딱 좋은 방법은 집단의 가치관에 기대는 것이다. 권위자의 말을 전폭적으로 수용하는 것이다. 이런 사람을 일본 철학자 나카지마 요시미치(中島義道)는 공동체 보호색으로 자신을 숨기고 사는 사람이라고 표현한다.▲ 교회, 공동체, 사회단체, 목회자, 목소리 큰 논객에 기대어 착한 고양이 눈을 하고 동조하며 찬사를 보내다 호위무사가 되는 것이다. 진심으로 두려워하는 것은 공동

---

● 　　앞의 책, 80쪽

▲ 　　나카지마 요시미치, 『니체의 인간학』, 다산3.0, 45쪽

체에서 배제되어 보호색을 잃는 것이기에 누구보다 현재 자신이 속한 집단에 헌신한다. 평소에는 지극히 부드럽고 온화하지만 자기 안전이 위협을 받는 때가 되면 만사를 팽개치고 권위를 지키는 투사가 된다. 이를 위해서라면 모든 사람을 배신하고, 지금 막 내뱉은 주장을 취소할 수도 있는 사람들. 착한 나쁜 사람 아닌가.

게으름보다 더 치명적인 것은 스캇 펙이 말하는 악의 두 번째 본질인 나르시시즘인지도 모른다. 브레넌 매닝이 『아바의 자녀』(복있는사람)에서 말하는 것처럼 "죄의 본질은 어마어마한 자기중심성"이다. 사유하지 않는 게으른 사람이 착한 나쁜 사람이라면, 성찰하지 않는 자기중심적 인간은 "의인이라 칭하는 죄인"이다. 과도한 자기만족의 사람이다. 바리새인들의 치명적 잘못은 율법을 칼같이 지키는 그 자체가 아니라 '이만하면 됐지!'라는 종교적 우월감에서 비롯한 자기중심성이다.■

나르시시즘이 교묘한 게으름을 만나면 어떻게 될까. 나르시시즘에 찬 자신의 후광이 되어 줄 셀럽 목회자를 치켜세우며 곁에서 마음으로 충성한다. 그를 높이고 칭찬하며 적당히 자신의 영광도 함께 취한다. 셀럽의 약점을 모르는 바 아니

---

■   브레넌 매닝, 『아바의 자녀』, 복있는사람, 192쪽

고, 때로 냉철한 판단도 하지만 개인적 관계성 안에서 이해하고 덮는다. 그러던 어느 날, 셀럽의 치명적인 치부가 드러나고 그는 추락하고 만다. 그러면 누구보다 먼저 돌을 던질 것이다.

> "세상에는 좋은 목사, 나쁜 목사 딱 두 종류밖에 없는데 알고 보니 나쁜 목사였네! 잘도 속였군. 역시 사람은 믿을 게 못 돼."

치켜세우고 동조했던 자기 행적을 무화하기 위해 더 큰 소리로 비난하고 앞장서서 돌을 던진다. 누구보다 날카롭게 사유할 수 있지만 자신에 대해서는 성찰할 수 없는, 성찰하지 않는 게으름을 선택하는 것이다. '이만하면 됐지', '내가 뭘 했지', '나는 뭘 좀 알지', '그거 맨 처음 시작한 게 나야'. 나르시시즘은 약도 없는 악의 질병이다.

그 인간이 그런 줄 알았으면 내가 그렇게 충성을 했겠는가. 나는 충성한 죄밖에 없다, 교회를 사랑한 죄밖에 없다, 시키는 대로 한 죄밖에 없다. '○○밖에 없는' 작은 죄밖에 짓지 않은 교인들이 넘쳐난다. 돈, 섹스, 권력에 관련한 강력 범죄를 저지르고 회개하지 않는 목회자가 많지만 '○○밖에 없는' 작은 죄를 지은 교인 수보다는 훨씬 적다. 단독 범행일 리 없다. 죄는 본질상 얽히고설켜 위장되는 것이다.

권위에 찍히고 싶지 않아 싫은데 좋은 척 열심히 했던 일, 까칠하다는 소리 듣고 싶지 않아 스스로 입을 틀어막고 말았던 순간들, 불합리한 줄 알면서 갈등이 두려워 눈감고 추진했던 그 일들, 충성심을 보이기 위해 뜬금없이 날린 아부, 그 수치심을 지우고자 또 하고 또 했던 변명. 이 모든 것으로 큰 범죄에 일조했을 것이다. 악은 자기 성찰 앞에서 맥을 못 춘다고 하는 스캇 펙의 당부와 같은 말을 마음에 새기며 마쳐야겠다.

그들은 마침내 자신의 게으름과 나르시시즘을 끊임없이 성찰하고 그에 따라 자신을 정화하는 일이 각 개인의 책임이라는 사실을 알게 될 것이다. 그러한 개인적 정화는 각 개인의 영혼의 구원뿐 아니라 그들이 속한 세계의 구원을 위해서도 필요하다는 것을 터득할 것이다.●

● 스캇 펙, 『거짓의 사람들』, 비전과리더십, 480쪽

# 8

## 그러면 착하게 살지 말까

오랜 친구들이 함께 모여 있는 SNS 단체 대화방이 있다. 최근 충동적으로 '방 탈출'을 했다. 대화 중 갑자기 나와 버렸다. 박차고 일어나 방문을 쾅 닫고 나온 느낌 그대로이다. 친구 휴대폰의 노란 대화창엔 '○○○님이 방을 나가셨습니다'라고 떴을 것이다. 불편한 대화가 이어지는 중이었다. 불편함을 유발하고 이어가려는 사람이 있었으니 다름 아닌 나였다. 짚고 넘어가야 할 지점이 있었다. 괜히 트집 잡으려는 것은 아니었다. 불편한 대화를 불편해하며 안절부절못하는 친구들 모습이 보이는 듯했다. 한 친구가 "야, 우리 어디어디서 보자. 내가 밥 살게" 하며 분위기 전환을 시도했다. 하지만 나는 일단 하던 얘기는 마무리하자고 했다. 이런저런 수습의 대화가 오가며 불편함이 쉬 가시지 않는다. 그러는 중에 찬양 영상이 하나 띡! 올라왔다. "친구들아, 내가 요즘 은혜받은 찬양이야. 이거 들으면서 마음 풀자"라는 말과 함께. 어쩌다 대부분이 개신교인이지만 교회에서 만난 사이도 아니다. 누구보다 목회자 아내(이자 갈등 유발자)인 나를 다독여 보려는 뜻 같았다. 그 순간 참을 수 없었다. 내게도 어려운 대화여서 힘겹게 맞닥뜨리고 있었는데, 갑자기 올라온 찬양이라는 방어기제(그렇다, 이것은 방어기제이다. 갈등을 마주하지 않겠다는 방어기제, 그중에서도 가장 견고한 종교라는 방어기제!)에 의욕을 잃고 말았다. 물론 화가 나기도 했다. 개인적으로 연락해 온 한 친구가 "다들 좋은 뜻으로 한 건데…"라 한다. 나도 안다. 나 역시 좋은 뜻이었다. 그러나 어쩐지 시간이 지날수록 더 아프다. 오래 묵혀서 들여다보니 좋은 뜻으로 던진 찬양이 내겐 모욕감으로 왔다. 운전하다 모르는 사람에게 쌍욕을 들은 것보다 더 아프다. 문제는 친구들 모두 착한 사람들이라는 점이다.

헤어지려는 커플을 각각 만나 들어 보면 관계를 개선하려고 노력하지 않았단 사람이 없다. 노력을 대충 하지도 않았다. 최선을 다했고, 좋은 뜻으로 말했고, 잘해 보자 한 일인데 그리 되었다는 것이다. 갈등의 극한 속에 있는 사춘기 아이와 중년의 부모조차도 각각 최선을 다한다. 아이에게 폭언을 퍼

부으며 용돈을 끊는 부모도, 그 부모 앞에서 주먹으로 문을 쳐 박살 내고 나가 사고를 치는 아이도 마찬가지이다. 각각 나름대로 최선을 다했다는 것이다. 최악이 된 관계에 연루된 사람들의 진심을 하나하나 들어 보면 상대를 이해하려 애썼고, 참았고, 양보했고, 기회를 줬다고 한다. "내가 네게 해 준 게 얼만데!" 최선이라고 준 것이 상대에게 최악으로 가닿는 경우는 또 얼마나 많은가. 뭔가 잘못됐다. 나름의 좋은 뜻으로 최선을 다하는 것, 그것으로 부족한가. 최선을 다함이 능사가 아니다. 솔직히 말해 공동체에 가장 짐이 되는 사람, 문제를 일으키는 사람은 대개 최선을 다하는 사람이다. 나름의 좋은 뜻. 그 좋은 뜻에 대한 확신을 가지고 최선을 다하는 사람의 폭주를 막을 길은 없다.

직업으로 아이들 심리 치료를 하고 직업보다 더 많은 에너지를 들여 청년들 상담을 해 왔다. 부모라는 짐을 무겁게 지고, 그 무게에 눌려 고통받고 무기력한 자녀들이 흔하다. 정작 그 부모는 사랑밖에 준 것이 없다고 한다. 다 사랑해서 그랬고 잘되라고 한 일이란다. "내가 네게 해 준 게 얼만데"는 부모의 말이고 그 '해 준 것'이 아이에겐 폭력(에 가까운 기억)으로 남아 있다. 부모의 사랑, 최선을 다한 사랑은 무엇이란 말인가. 뭔가 잘못됐다. 카를 융의 이 말이 뼈를 강타한다. "아이가 짊어져야 할 가장 무거운 짐은 부모의 무의식적인 삶이다"• 무의식적인 삶, 그러니까 인식하지 못한 자신의 문제이다. 즉, 자기 인식 부재이다. 자기 인식 없는 사랑과 배려가 자기도 모르는 사이에 폭력으로 다가가는 것이다. 자기 인식 없이 최선을 다하는 것은 최악이 될 수 있다.

자기를 모름, 빈약한 자기 인식이 야기하는 문제는 인간관계에서 그치지 않는다. 신앙의 여정에서도 하나님을 아는 지식만큼 중요한 것이 자기를 아는 지식이다. 데이비드 베너는 『나, 주님의 사랑에 안기다』에서 장 칼뱅(John Calvin)의 『기독교 강요』 서두를 인용한다. "자신을 깊이 알지 않고는 하나님을 깊이 알 수 없으며, 하나님을 깊이 알지 않고는 자신을 깊이 알 수 없다."▲ 자신을 아는 것이 하나님을 아는 것만큼이나 중요하다는 것이다. 심리학자의 말이 아니다. 신학자 칼뱅, 바로 그 존 칼뱅의 『기독교 강요』 1장을 시작하는 말이다. 자기 인식 없는 하나님 지식, 자기 지식과 하나님 지식 사이의 어마어마한 괴리가 이 시대 기독교의 치명적 병증인지 모르겠다. 각종 성경 공부 쉬지 않으시고 새벽 기도 수십 년 이어 오신 내공의 장로님이 '신앙생활 나만큼만 하라고 해'라며 자부심 충천하신데 알고 보면 교인들 사이 기피 대상 1호인

---

• 로버트 존슨, 제리 룰, 『내 그림자에게 말 걸기』, Y브릭로드, 57쪽
▲ 데이비드 베너, 『나, 주님의 사랑에 안기다』, 생명의말씀사, 25쪽

것도 자기 지식 없는 하나님 지식의 슬픈 역설인지 모르겠다. '교회는 병원이다'라는 말에 격하게 고개 끄덕이며 공감하고 위안도 받지만, '다들 환자인데 자신만 멀쩡한 사람'이라 생각하는 치명적 자기중심성이 병원인 교회의 실체일 수도 있다. 개인의 삶에서, 신앙 여정에서 이렇듯 중요한 자기 인식에 대해 배운 바가 없다는 것은 병증이며 동시에 병의 원인이 아닐까. 성찰 없는 신앙 말이다.

하긴 배워서 되는 일도 아니다. 중요성을 몰라서 안 되는 것도 아닌 것 같고. 자기 성찰이란 얼마나 막연하고 어려운 일인가. 무엇보다 자기 인격의 어두운 면을 대면해야 하는 것이기에 그렇다. 한때 사랑했고, 좋은 뜻으로 최선을 다했으나 헤어질 수밖에 없었던 커플, 사랑이라는 이름으로 아이 인생에 치명적 짐을 지운 부모에게 필요한 자기 인식이란 자기 인격의 '어두운 면'에 대한 인식이다. 최선을 다한 이면, 사랑으로 준 것들 이면의 어두운 것을 볼 줄 아는 눈, 인정하는 태도가 절실하다. 다시 말하면 개인의, 공동체의 어두움을 응시할 수 있는 힘이다.

단체 채팅방의 친구들로 돌아가면 이렇다. 착한 친구들이다. 나는 착한 이 친구들을 좋아한다. 때로 자랑스럽게 여기기도 했다. 착함이 뚝뚝 떨어지고 긍정이 차고 넘치는 모임이다. "너는 어쩌면 20년 전이나 지금이나 똑같니." "나이를 어디로 먹는 거야." "너 같은 효녀가 어딨니." "어떻게 아이를 그렇게 잘 키웠니." "넌 정말 현명한 엄마야." "너나 되니까 네 시어머니를 받아 준다." 만날 때마다 칭찬과 격려의 세례가 여러 방향으로 쏟아진다. 긍정의 말잔치가 공허하여 쓸쓸해질 때도 있지만 견딜 만하다. 아니, 반은 조미료인 걸 알면서도 자꾸 듣다 보면 싫지 않다. 그 거짓말 참말이냐? 싶으면서도 자존감 상승효과가 생긴다. 겉치레 없는, 솔직함을 빙자한 날 선 차가운 말이 난무하는 대화보다 낫다. 솔직히 다소 위선적이더라도 착한 말이 더 좋다. 다만 긍정의 말잔치 중에도 갈등은 피할 수 없다는 것이다. 최선을 다해 관계의 밥상을 차려도 상대가 먹을 수 없는 것을 내놓을 수밖에 없는 사람들 간의 잔치이니 말이다. 더 깊고 진실한 관계로 나아가고 싶다면 착한 말, 선한 행동 이면의 어두운 감정을 함께 통과해야 할 때가 있다. 그것은 내 속에 내가, 네 속에 네가 너무도 많아 가시나무가 될 수밖에 없는 죄 된 인간 존재의 한계이다.

그런 뜻으로 작정하고 불편한 감정을 드러낸 것이다. 긍정에 긍정을 더하는 공허한 관계에 피로감이 느껴지기도 했다. 영적 중2병 증상인지도 모른다. 어쨌든 분명한 것은 불편한 감정을 통과하여 더 친밀한 관계로 나아가고 싶었다. 착한 친구들이 착함으로 방어해 오자 나쁘기로 작정한 마음은 힘을 잃었다. '찬양'이라는 치명적 선함으로 내 나쁨을 덮으려 할 때 벽을 느꼈다. 눈이 부셔 다가갈 수 없는, 어둠이 침투하지 못하는 반쪽짜리 빛으로 쌓은 벽이었다. 익숙한 막막함이다. 무장해제하고 용기 내어 다가가면 내 나쁨이 도드라지고, 그럴수록 그는 더 착해진다. 더는 못 참아! 소리 지르는 사람에게 미동도 하지 않고 '흥분하지 말고 말로 해.' 거기서도 그치지 않으면 '은혜로 하자. 그만하고 기도하자'는 식이다. 침착한 자 앞에서 흥분하는 자, 찬양하는 자 앞에서 싸움을 거는 자는 미성숙하고 믿음 없다는 말 아닌가. 어둠을 거세한 착함? 갈등과 고통 등 부조리라는 인간 실존을 무화시키려는 대책 없는 폭력이다. 마음의 치유와 영적 성장에 대해 인네히머 만나는 가장 어려운 사람은 '착한 사람'이다. 착함과 자신, 착함과 자기 신앙을 동일화한 사람들. 어떤 것을 감수하고라도 놓치고 싶지 않은 것은 착한 사람, 좋은 사람이라는 평가이다. 착하지만 정직한 성찰은 불가능하다. 아니, 착하기 때.문.에. 불가능한 성찰이라 해야겠다.

 진정한 자기 인식의 시작은 한계, 약점, 어두움과의 대면이다. 빛으로 가는 길은 그림자에 있다. 제멋대로 굴고, 이기적이며, 욕심대로 살고, 불같이 화를 내고, 수습할 수 없는 말실수를 저지르기도 한 나쁜 행동을 징검다리 삼아 자기 성찰의 문을 열 수밖에 없다. "회개와 성찰의 삶을 위해서 착하게 살지 말란 말이냐?" 묻는 분이 계시다면 로마서 6장 1절과 2절을 읽어 드리겠다.● "존재 자체가 착한데 어쩌란 말이냐, 착한데 착하지 말란 말이냐?" 항의하신다면 나는 당신과의 대화방에서 나오겠다. 플래너리 오코너(Flannery O'Connor)의 그로테스크하여 사실적인 소설 『좋은 사람은 드물다』라는 제목처럼 (진정한 의미의) 착한 사람은 드물다고 생각한다.▲ 아니, 소설 속 자아도취 할머니처럼 선, 옳음, 빛 등 온갖 좋은 것과 자신을 동일시하는 자칭 착한 사람들의 성찰 없는 태도는 폭력이다. 성찰이란 대단한 것도 아니다. '나도 때로 악할 수 있고, 욕을 먹을 수도 있다, 때로 나쁜 사람이 될 수 있다' 인정하는 것이다. 그 어떤 것을 감수하고라도 놓치고 싶지 않은 것은 착한 사람이라는 자의식이기 때문에 약이 없다. 소설에서는 이것이 살인을 부르는 폭력이 되었다. "경건하고 도덕적인 자들의 폭력은 경건하고 도덕적이어서 위험하다. 그들의 폭력이 눈에 보이지 않는 탓이다. 그들의 폭력이 신성한 영역으로 간주되기 때문이다. 실제로 그들이 우리 사회, 교회, 공동체를 주도하지만 아무도 대놓고 도전하진 못한다. 그때나 지금이나

- ● "그런즉 우리가 무슨 말을 하리요. 은혜를 더하게 하려고 죄에 거하겠느냐. 그럴 수 없느니라. 죄에 대하여 죽은 우리가 어찌 그 가운데 더 살리요"(롬 6:1-2).
- ▲ 세계문학단편선12, 『플래너리 오코너』, 현대문학, 165쪽

그들의 의로움은 불가침적 영역이다."■ 강신숙 수녀의 글 또한 깊이 와닿는다.

 (왜 자꾸 반복해서 말하게 되는지 모르겠지만) 나는 착한 내 친구들이 좋다. 친구들 만나며 듣는 칭찬이 좋고, 만나고 돌아와 "친구들아 오늘도 덕분에 즐거웠어!" 나누는 문자 메시지도 좋다. 다만 순도 100퍼센트의 착함에 대한 강박이 숨막힌다. 문제라면 그것이 문제이다. 선함과 악함, 강함과 약함, 정직함과 거짓, 충실함과 불성실함, 지혜로움과 어리석음이 인간 안에는 공존하는 것 아닌가. 그래서 우리는 하나님이 아니고 인간이다. 그런데 어쩐지 우리는 본능적으로 착하고 정직하고 충직하고 지혜로운 것만 내 것으로 동일시한다. 그 이면을 들여다보고 수용하는 것이 절실하다. 그리하여 헨리 나우웬, 안셀름 그륀, 토머스 머튼(Thomas Merton) 같은 영성가들이 한목소리로 말하는 바, 자기 인식이란 결국 자기의 어두운 면, 그림자 인식이다. 큰 나무는 큰 그림자를 가지고 있다는 진리. 의식의 삶에서 선하고 아름다운 열매가 클수록 내적으로 성찰하고 돌봐야 할 짐이 더 크다는 것은 영성과 잇닿는 심리학의 통찰이기도 하다.

■　강신숙, "스스로, 제멋대로, 함부로 '용서받았다' 하지 마라", 가톨릭뉴스지금여기, 2019.3.28.

신학자이자 정신분석가인 앤 율라노프(Ann Ulanov)는 착함 이면에 존재하는 에너지에 '공격성'이라는 이름을 붙여 흥미로운 설명을 한다. 이 공격성은 삶의 한 부분이며, 없애거나 피해야 할 것이 아니다. 공격성이 개인에게 의식화되고 수용될 때 변형이 일어나는데 그것은 영적·정서적 삶에는 활기와 열정이 되고, 외적인 삶에서는 세상의 정의를 실현하기 위한 에너지가 된다는 것이다. 아기들은 허공을 향해 손을 내젓고 발을 차는 단순한 몸짓, 식탁 의자에 앉아 접시를 바닥에 던지는 행동 등으로 세상을 향해 돌진하며 자기와 세상 사이의 경계를 발견하고 자기감(自己感)을 발달시킨다고 한다. 자기감, 즉 자기에 대한 감각 없이 독립된 한 인간이 될 수 없다. 그러니 율라노프가 말하는 공격성은 자연스럽고 필요한 본능이다. 발달 과정에서 자연스럽게 변형되는 공격성은 일하고 사랑하는 연료가 되고, 옳다고 믿는 것을 위해 싸울 수 있는 힘이 되는 것이다. 이 때문에 "우리가 사람과 대의 그리고 하나님께 열정적인 헌신을 바치기 위해서는 공격성을 필요로 한다"•고 하는데, 다른 말로 하면 우리가 그렇게 목을 매는 '착함'을 위한 연료가 된다는 것이다. 공격성이라는 에너지가 가진 파괴성이 두렵더라도 회피해서는 안 된다. 우리

• 앤 율라노프, 『영성과 심리치료』, 한국심리치료연구소, 41쪽

의 의식으로부터 이 공격성을 분열시켜 버린다면 우리는 열정과 활기를 잃고, 살아 있다는 진정한 느낌을 가지지 못할 것이다.

　억압하고 누른다고 자체 소멸하지 않는 것이 마음의 에너지이다. 억압한 파괴성은 반드시 드러나게 되어 있는데 율라노프가 말하는 예들 또한 흥미롭다. 지나치게 길고 지루한 설교나 가르침으로 교인들을 지루하게 만들기, 자신이 가진 신학이나 신념을 끊임없이 설명하고 강요하기 등은 무의식적으로 휘두르는 파괴적 공격성이다. 또 의식화해 내지 못한 공격성을 다른 사람에게 투사하여 나쁜 사람을 만들 수도 있다. 자기만 끝까지 착한 사람으로 남고 주변 사람은 오직 착함의 수혜자가 되거나 나쁜 사람이 되거나 둘 중 하나의 역할을 맡도록 한다. 이런 반쪽짜리 삶은 무엇보다 착한 사람들이 그렇게도 집착하는 착함 자체를 침몰시킨다. 살아 있는, 생기를 전하는 선함이 아니라 '숨도 쉬지 않고 반응도 하지 않는 황금 우상처럼 이상화되고 완전하고 정적인 선함'만 남게 된다는 것이다. 오직 나쁨의 위협으로부터 자신을 보호하기 위해서 이 고정된 선함에 맹렬하게 매달리게 된다. 착하지만 착하지 않은, 생기가 없어 기쁨을 주지 못하는 착함은 이렇듯 '나쁨'을 억압하는 데서 온다.

　그렇다면 착해지길 포기해야 하는 것인가? 좋은 '착함'

이란 무엇인가. 심층심리학에서는 가장 아름답게 자신을 꽃피우고 자기실현의 경지에 도달한 인간으로 예수님을 꼽는다. 그리고 그 성품은 '자발적 희생'이라고 한다. 여기서 방점은 '자발적.' 희생, 봉사, 헌신 등은 우리가 익히 배우고 해 오던 착함의 덕목들이다. 어린아이의 신앙을 견지하던 때, 의식화되기 전에 목숨 걸었던 것들이다. 과연 자발적이었던가, 되짚어 물어본다. 목사님 눈 밖에 날까, 그러다 하나님 안중에서도 벗어날까, 그러다 축복받는 자에서 제외될까 두려워서 순종했다. 두려움 때문에 봉사하고, 희생하고, 헌신하고, 헌금도 했다. 착한 일도 많이 했다. 이해 안 되는 인간 이해하려 애썼고, 얼굴도 마주하기 싫지만 웃어 주고 칭찬과 격려의 말도 건넸다. 시켜서 하는 착한 행동, 두려울수록 더 착한 행동에 매달렸다. 미움, 불순종의 마음 같은 건 일단 억누르고 봤다. '이래서 나는 착한 사람, 좋은 신앙인이야' 하며 셀프 '자기 초월'을 시전했다. 자발적인 것은 그야말로 제가 하고 싶어서 하는 것이다. 자유가 있다. 하고 싶으면 하고, 그렇지 않으면 하지 않을 자유. 자유가 있는 곳에 생기가 있고 기쁨이 있다. 예수님처럼 착한 사람, 기꺼이 자발적으로 내어 주는 자유로운 사람 되는 것이 내가 도달하고 싶은 곳이다. 나는 정말 착한 사람이고 싶다.

율라노프 식으로 말하면 '공격성'에 동일시된 사람도 있다. 착하지만 생기를 잃고 당위로서의 헌신을 하는 사람들이 있는가 하면 폭발하는 열정을 분노로 표출하는 이들이 있다. 나는 사실 후자에 가깝다. 빛이 아니라 어두움에 동일시되어 입만 열면 한국 교회 비판, 목사 비판, 정치 비판이다. 이 땅에 제대로 된 목사 하나도 없고, 다 뜯어고쳐야 한다고 개혁의 열정을 뿜어낸다. 주일 예배 빠지면 천벌을 받는 줄 알았는데 펜션에서 고기 구우며 주일을 보내도 아무 일 일어나지 않으니 정말 바보처럼 살았단 생각만 든다. 다시는 교회와 목사에게 속지 않겠다! 언젠가 착한 그리스도인이었다면 이제 나쁜 그리스도인이고 말 것이다! 주먹 불끈 쥐고 살다가 온갖 착함과 부드러움과 은혜와 축복 같은 것들까지 회피한다. (착함에 동일시된 사람이 공격성을 혐오하는 것과 다르지 않다.) 그러다 가까이 있는 사람에게까지 공격성을 투사한다. 까칠하게 굴고, 상처 주는 말을 서슴지 않는다. 늘 화가 나 있는 사람들, 누구도 믿지 못하는 이들 곁엔 오래 앉아 있고 싶지도 않다. (아, 내가 그러고 있는데….)

자발적 희생은 지고의 '착함'이다. 우리의 영원한 스승 예수 그리스도가 그러하셨을진대 그분의 제자 된 자로서 어찌 착하게 사는 것을 포기할 수 있을까. 나쁨을 품은 착함, 나쁨을 통과한 착함이어야 하지 않을까. 착하거나 나쁘거나 둘 중 하나가 아니다. 엄마 말 잘 듣는 어린아이처럼 맹목적 착함을 지닌 시절을 지나고, 대책 없는 나쁨이 폭발하는 사춘기를 지나 좋은 어른이 되는 것처럼 우리 안의 '선함'도 자라 갈 것이다. 나만 착하자고 타자를 착함의 수혜자로 두거나 나쁜 사람 만들지 않고, 허세 가득한 나쁜 사람, 상처 유발자가 되지도 않고. 그리스도의 아름다운 인격을 향해 매일 조금씩이라도 자라는 착하지만 나쁘고, 나쁘지만 착하기도 한 모호함을 견디는 힘을 가진 어른으로 자라고 싶다. 영적인 성장은 흔히 '자기 획득'과 '자기 초월' 두 움직임을 필요로 한다고 한다. 자기 획득이란 '자기 인식'과 '자기 이해'이다.• 예수님의 성품을 닮아 자발적으로 나를 내어 주는 자기 초월의 경지에 이르는 것. 언감생심 그것이 가능할까. 단번에 초월하여 자기희생의 존재가 될 수는 없을 것이다. 하지만 약속된 바가 있으니 도달하지 못할 지점이 아니다. "우리가 다 하나님의 아들을 믿는 것과 아는 일에 하나가 되어 온전한 사람을 이루어 그리스도의 장성한 분량이 충만한 데까지 이르리니"(엡 4:13). 밴댕이 속처럼 좁고 얕은 나를 넘어서 다른 이들에게 나를 기꺼이 내어 주는 사람이 되는 것, 온전히 착한 사람이 되는 것, 내 깊은 갈망이다. 비록 욱하여 대화의 장을 박차고 나오는 오늘의 나일지언정.

• 윌키 오, 노린 캐논, 『마음의 갈망들』, 생활성서사

단체 채팅방 탈출 사건 이후로 나를 가장 힘들게 하는 것은 친구들과의 단절도 아니고, 욱하는 내 성질에 대한 자괴감도 아니다. 친구들에게 미성숙한 이미지로 비쳐졌다는 것, 여태껏 쌓아 온 착한 이미지를 한 방에 날리고 말았다는 것이다. 나 자신에게 조금 가벼워지기를 허락하려 한다. 채팅방의 어떤 친구보다 더 성숙하고 착한 사람이 되고 싶고, 무엇보다 그렇게 비치고 싶지만 쉬운 초월이 없다는 것을 안다. 아직 충분히 착하지 않은 나를 있는 그대로 인식하고, 수용하는 것 외에 방법이 없다. 무엇보다 착하게 살겠다는, 그리스도를 본받아 착한 사람이 되겠다는 갈망은 포기하지 않겠다.

3부

거룩한 소명의
뒤안길

# 9

## 밥벌이'로써'의 목회

내 동생은 목사였다. 시급온 목사가 아니라는 뜻이다. '아들을 주시면 주의 종으로 바치겠습니다.' 생기기도 전에 바쳐진 아들이다. 사람이 아니라 목사로 잉태된 동생을 보며 자란 나도 그 서원 기도에서 자유로울 수 없었다. 내가 아들이었으면 어쩔 뻔했나! 대통령, 과학자 같은 장래 희망 한번 가져 보지 못하고, 아니 꿈꾸는 순간 그 자체로 죄책감을 느꼈을 것이다. 꿈꾼다는 것은 (서원을 거스르는) 죄다. 어린아이에게, 한 존재에게 이 얼마나 가혹한 올무인가. 의식화하진 못했지만 그 끔찍함을 무의식적으로 느꼈고 동생이 가엾었다. 나는 피했다는 안도조차도 죄책감이었을까. 나 역시 이상한 방식으로 그 기도에 매여 있었다. 왜 아니겠는가. 가족이라는 이름의 단일 심리 시스템, 종교 시스템 안에 엮여 있었으니.

흔한 각본대로 자기 꿈을 꾸며 방황하고 엇나가기도 하며 간증거리를 많이 축적한 후 동생은 결국 목사가 되었다. 엄마의 기도대로 "진실헌" 목사가 되었다. 엄마는 "진실헌 목사가 되어 목회 성공하게 해 주세유" 기도했는데 하나님께서는 앞부분만 들어주셨다. 진실한 목사로 살고자 성공하는 목회자의 길을 피해 다니던 동생이 도저히 맨 정신으로 목사를 할 수 없다며 그만두겠다고 했다.* 그 누구보다 엄마에게 청천벽력 같은 선언이었다. 아버지 돌아가시고 아들 목사 만드는 일을 소명으로 품고 살아오셨다. 어떻게 만들어 놓은 목산데, 제대로 목회는 안 하고 교회개혁실천연대니 뭐니 하며 다니더니 결국 목회를 안 한다니.

평생 해 온 대로 엄마는 "네 말은 들으니 네가 설득하라" 했다. 평생 하던 대로 나는 엄마 앞에서는 동생 편, 동생 앞에서는 엄마 편을 들며 고뇌에 빠졌다. 엄마에겐 "목사 시키는 건 엄마 마음대로 했으니 그만두는 건 제 마음대로 하게 두라"고 했고, 동생에겐 "이제껏 해 왔는데 그만두더라도 엄마 돌아가실 때까지만 참으라"고 했다. 50:50의 내 마음속 찬반

---

* 동생이 목회를 그만두며 쓴 글 '나는 왜 목회를 그만두는가'를 부록에 싣는다.

갈등 밑에는 두려움이 있었다. "하나님은 쓰실 사람을 결국 데려다 쓰신다. 빨리 순종하지 않으면 결국 매 맞고 돌아오게 되어 있다." 어릴 적부터 들었던 말이다. 들을 때마다 턱도 없는 소리라 여겼지만 막연한 두려움은 어쩔 수 없었다. 엄마 앞에서는 턱도 없는 소리라는 이성이, 동생 앞에서는 비합리적 두려움이 작동했다.

"얘기 해 봤냐? 아이고, 더 말려야지! 가만뒀어? 그래서 목사 안 하고 뭐 헌댜?"

"장사한대. 햄버거 장사. 잘할 거 같지 않아?"

"야 이년아! 사모라는 년이! 말을 그르케 혀? 아니 목사가 헐 짓이 없어서 장사를 혀?"

"장사가 왜? 예수 팔아서 장사하는 거보다 진짜 장사를 하는 게 더 낫지."

"저런, 저 주댕이… 끊어."

그리고 금방 다시 전화가 온다. 엄마는 나를 먼저 구워삶아야 한다는 것을 안다. 평생 그랬던 것처럼 부드럽고 나긋나긋하게 다시 말했다.

"야야, 니가 ○○이 데리고 잘 얘기혀. 목사가 장사를 허든 안 되는 거여. 하나님 앞이서… 하이고, 이게 뭔 일이랴. 걔가 니 말은 잘 듣잖여. 어뜨케 목사를 만들었는디…. (울먹)"

동생 뜻이 더욱 확고해졌고 돌이킬 수 없을 것 같은 시점, 엄마는 계속 전화를 걸어 와 같은 얘기를 반복하고 울고 하셨다. 더는 어쩔 수 없다는 사실을 받아들이는 것처럼, 중얼거리듯 툭 뱉은 엄마의 말이 전화선을 타고 내 귀에 꽂혔다.

"애가 셋이나 있는 애비여. 인자 뭘 혀 먹고 살어…."

'뭘 혀 먹고 살어, 뭘 혀 먹고 살어….' 결국 먹고사는 문제였다. 먹고살 걱정이었다. 거룩한 소명을 거스르는 죗값을 받되 그것이 먹고살지 못하는 것이 될까 두려운 것이었다. 유레카! 엄마의 마지막 말은 서원된 존재로서의 목사, 거기에 함께 묶여 서원된 내 종교적 삶을 뒤흔들었다. 그리고 일깨웠다. 비로소 목회를 그만두겠다는 동생을 전적으로 지지할 수 있었다. 그 어떤 종교적 두려움 대신 '먹고살 길'을 잘 찾았으면 하는 상식적인 걱정만 하면서 말이다. 평생 엄마의 종교와 동생의 인간적 고뇌 사이에서 오가던 역할 대신 온전히 동생 편에 섰다. 당시 엄마에게 쓴 부치지 못한 편지가 여기 있다.

엄마,
○○이 목사 안수식 사진을 다시 들여다봐. 엄마가 저렇게 입을 꼭 다물고 웃을 때는 진짜 좋아서 웃는 건데. 그날 얼마나 좋았어? 생기지도 않은 아들을 놓고 '주시면 주의 종 만들겠다' 기도하여 얻은 아버지의 환갑둥이 아들. 저렇듯 목사 가운을 입기까지 기나긴 기도의 시간, 방황의 시간이었어. ○○이 초등학교 5학년 때 아버지 돌아가시고 아버지 대를 이어 오직 저 아들 2대 목사 만들 소원으로 살아온 엄마의 기도 인생 존경해. 수많은 밤 철야 기도로 지새우고, 그렇게나 많은 끼니를 금식 기도로 대신한 엄마와 하나님만의 사연은 얼마나 구구절절할까? 엄마, 엄마의 기도와 인생을 누구보다 잘 아는 내가 엄마를 배신했어. 아픈 마음으로 이 글을 써.

결국 ○○일 설득하지 못했어. 아니 안 했어. 엄마가 나 어릴 적에 그랬지? "야이, 사모의 '사' 자는 '죽을 사' 자여. 너는 사모 되지 마라." 엄마의 그 말 때문이었는지 어떻게든 피하고 싶었는데 늦깎이로 '죽을 사 자의 사모'가 되었어. 사모가 된 지 얼마 되지 않았지만 난 두려워. 많은 것이 두려워. 그중 결정적인 두려움 하나가 내 안에 있고 그 때문에 ○○의 선택을 말리지 못한 것 같아. 그 얘길 해야 할 것 같아. 엄마에 대한 마음, ○○에 대한 마음, 이제 막 목회를 시작한 김 서방에 대한 마음을 위해서 말이야. 무엇보다 이 모든 걸 바라보는 나를 위해서.

구역을 대신하는 가정 교회라는 모임을 몇 년 동안 집에서 했어. 대여섯 부부와 오래고 깊은 우정을 쌓았지. 덕분에 직장 생활을 하는 남자들의 삶과 고뇌를 들여다볼 수 있었어. 아침 일찍 출근해서 아이들이 잠든 다음에 퇴근하고, 잠든 아이 얼굴 한 번 들여다볼 새 없이 다시 출근하는 아빠들. 일하고 퇴근하고 또 일하고 퇴근하며 엄청난 양의 일을 하는 것이 삶의 전부야. 민감한 사람들은 가끔 고민도 하더라고. 이런 삶을 살고 싶었던 건 아니라고. 그렇다고 딱히 어떻게 해 보지도 못해. 다들 그렇게 살아가니까.

능력을 보여 주고 대가로 현실적 보상인 연봉을 받는 직장 생활. 유능감과 연봉은 이들 존재의 근간인 것 같아. 오직 일에만 매여 있기에 몸과 마음으로 가족과 함께할 시간과 에너지는 없어. 남편의 자리, 아빠의 자리는 생활비로 불리는 돈이 대신하고 정작 남편이며 아빠인 남자는 섬 하나가 되고 마는 것 같아. 그리스도인이어도 별수 없겠다 싶었어. 이렇게 살아가는 남자에게 하나님 찾을 시간, 영원한 것을 사모하는 여유는 사치 아니겠어? '가장 바라는 것, 꼭 이루고픈 꿈'을 나눈 적이 있어. 하나같이 '직장 그만두는 것'이더라고. 잠시라도 쉬어 보고 싶다는 거야. 물론 그럴 수는 없지! 어떻게 쌓아 온 전공과 경력인데, 그걸 포기할 수 있겠어. 더 중요한 것은 엄마 말처럼 '뭘 먹고 사는가' 하는 문제일 거야. 의미 없고 불행한 나날을 꾸역꾸역 살아 내는 것이 '먹고사는 문제' 총책임자로서 하는 유일한 선택이지.

그런데 엄마. 동년배 목회자들은 다를까? 아닌 것 같아. 평신도 형제에게 '전공 포기'의 두려움이 있다면 목회자들은 "소명인데, 그래도 소명인데 포기하면 되냐"고 말해. 다른 두려움일까? 목회자의 두려움은 더 거룩한 것일까? 엔지니어, 영업직이 아니라 소명, 거룩한 소명인데 이에 순응하지 않으면 죄받을 것 같은 두려움? 엄마가 했던 걱정이기도 하지. '힘들고 어렵다고 어떻게 목회 소명을 포기하나? 그건 인생의 실패이고 신앙의 실패이며 존재의 실패지!' 먹고사는 걱정도 다르지 않은 것 같아. '애가 셋 있는 애비가…' 이 걱정 말이야. 목회 그만두면 당장 사택 지원금 반납해야 하지. 그리고 길거리에 나앉아야 하나? 아이들 학교는? 또 전학을 시켜야 하나? 이것도 가정 교회 형제들의 고민과 크게 다르지 않아. 먹고사는 문제로 직장에 매여 있다면 목회자의 매임이 더 처절하지 않을까.

정말 문제는 목회자들은 정직하지 못하다는 거야. 아니, 정직할 수 없다고 말하는 편이 좋겠어. 자신의 불행을 인정하지 않아. 목회자로 고난받는 것은 영광이고, 지질한 삶은 필수 옵션이라고 생각하니까. 불행한 오늘을 인정하지 않기에, 인정할 수 없기에 직장 생활 하는 아빠들보다 더 위험해. 물론 목회의 맛이 있어. 있더라고. 보통의 직장 생활과 다르지. 사람들의 삶에 밀착하여 울고 웃는 자리, 거기 주님이 계시더라고. 헌데, 알고 보니 그건 목회의 본질이 아니었어. '교인 관리'가 주업인 목회 현장을 지켜보면서 '목회자들이 처음 헌신하던 그때 그리던 삶이 저런 걸까?' 싶어. 목회자들은 불행해. 불행한 것보다 더 큰 문제는 그걸 '주의 일을 하면서 받는 당연한 고난'으로 너무 쉽게 승화한다는 거야. 쉽게 초월되지 않는 것을 초월한 것처럼 살다 위선자가 되고. 결국 마음이 고장 나 남모르게 아픈 사람이 되기도 해.

불행한 부모가 자녀를 행복한 자녀로 키울 수 없듯 불행하고 아픈 목회자 밑에 행복한 교인들의 삶이란 있을 수 없어. 목회자는 행복한 척이 아니라 진정한 내적 행복을 알고 누릴 수 있어야 할 것 같아. 엄마, 나의 결정적 두려움은 이거야. 동생이, 남편이 그럴듯한 목회자다움을 위해 자기다움을 말소하고 사는 것 말이야. 그러다 결국 남은 구원으로 인도하고 자신은 망하는 길로 가게 되지 않을까 하는 두려움.

목회자도 불행할 수 있잖아. 모든 것이 주께로부터 왔으며, 고난 또한 그러하지만 어쨌든 고난은 싫어. 정직해질 필요가 있다고. 목회자가 정직하게 '나는 불행하다. 때때로 불행하고, 지금 불행하다. 적은 사례비의 궁핍한 삶이 힘들고 아이들에게 미안하다. 부모님께 자식 노릇 못하는 것이 부끄럽다' 인정해야 해. 그래야, 이 일상의 결핍과 불행 속에 기쁜 소식으로 들려지는 예수 그리스도의 이야기를 경험할 수 있지 않겠어. 그래야 자본주의 사회에서 길을 잃은 가장들에게, 그 가장이 이끄는 가정에 복음의 빛을 비출 수 있지 않겠어? 그런 의미에서 누군가는 정직하게 "나는 지쳤다. 불행하다"고백해야 해. '더는 불행하게 살지 않겠다!' 불행의 자리를 떠나는 용기도 내어 주면 좋겠어. 그것이 '나는 실패한 목회자다'로 들릴지언정 목소리를 내 주면 좋겠다고. 믿음을 가지라고 설교하기 전에 자기 영혼의 메마름을 인정하고, 그것을 채우기 위해 과감하게 광야로 나가는 결단을 먼저 보여 줄 수도 있겠지. 그 광야는 목회하던 사람이 햄버거 장사를 하는 곳이 될 수도 있고, 주렁주렁 달린 아이들을 놓고 백수를 자처하는 곳이 될 수도 있겠지.

문제는 그게 왜 내 동생이어야 하냐는 건데, 그걸 막상 내 동생이 하겠다니 막막하여 앞이 캄캄해. 잘되고 있는 것들에 시선 집중하고, 긍정적인 면만 보면서 이제껏 쌓아 온 것을 누렸으면 좋겠어. 엄마가 늘 하는 말처럼 물이 맑으면 고기도 없고 외롭기만 한데 굳이 그렇게 튀는 선택을 해야 할까. 최대한 말려 보고 싶었어. 헌데, 그 선택을 한 목사가 내 동생이어서 고맙다는 결론에 이르렀어. 정직해서 고맙고, 막막하지만 저질러 준 용기가 고마워.

밥벌이'로써'의 목회, 목사 스스로 그것을 인정해야 교인들 환상도 깰 수 있을 거야. 교인들은 목사가 이슬 먹고 사는 줄 아는 것 같아. 최저생계비에 못 미치는 사례와 연봉 수억의 사례 사이 간극을 현실로 가늠하지 못해. 말도 안 되는 사례비로 사는 은혜가 목사에겐 따로 있는 줄 알아. 수백만 원짜리 양복이 필요한 목사도 은혜로 받아 주고. 목사를 향한 거룩한 투사로 정작 그 목사들을 환상 속에 가둬. 일상을 몸으로 맞서는 상식, 그 상식이 거세된 거룩한 환상은 타락의 온상이 되고 말아. 환상 속의 목회자들은 돈 개념 없는, 특권의식에 사로잡힌 사람이 될 수밖에 없어. 권사 기도회에 가서 설교 예화랍시고 드는 것이 "아이 분유값이, 학비가… 하지만 하나님의 은혜로 삽니다" 하며, 주의 은혜로 열리는 권사님들의 지갑을 탐하지. 그 '은혜'에 기대어 목회를 시작하는 젊은 전도사의 경제관념이 어떨 것 같아? 교인들 지갑, 교회 재정을 쉽게 넘보는 목사가 되지 않을까. 처음부터 헌금 도둑을 작심한 목사는 없을 거야. 느슨한 경계를 넘나들다 권력이 생길수록 야금야금 더 큰 돈을 가져다 쓰고 숨겨 두고 하겠지. 이슬 먹고 사는 목사는 없어. 목사는 목회로 밥 벌어먹는 사람임을 피차 인정할 일이야. 하늘의 삶을 살지만 땅을 딛고 살아야 교인들과 다를 바 없지.

시간이 지날수록 ○○의 멈춤이 자랑스럽고 부럽다 못해 질투가 나. 엄마, 걱정하지 마. 내일 일을 알지 못하는 불안 속에서, 당장 먹고사는 문제를 해결해야 하는 현실 앞에서 ○○의 믿음은 그 어느 때보다 빛을 발할 거야. 엄마가 그리던 큰 목회, 큰 교회 당회장 되는 소원은 물 건너갔지만 '진실헌 목자 되게 해 주셔유' 하던 그 기도에는 더 가까워질 거야. 엄마의 걱정과 두려움, 사랑이신 그분의 손으로 만져 주시길 기도해. 그렇게도 그리는 천국에서, 그렇게도 그리던 주님을 저 사진 속 부끄러운 웃음으로 만나게 될 때 엄마가 받을 상이 클 거야. 엄마의 기도, 그 기도로 우리 남매가 살았어. 하나님 앞에서 진실헌 사람으로 살게. ○○ 마음 돌려놓지 못해서 미안해. 엄마, 미안해.

딸 드림.


동생이 목회를 그만두기 위해 넘어야 할 가장 큰 산은 엄마였다. 결국 강행했지만 노년의 엄마는 하늘이 무너지는 경험이었으리라. 하지만 그 이후 아무 일 없이 잘 지내고 있다.

동생은 적절한 일을 찾아서 밥 잘 벌어먹고 살고 있다. 처음엔 "어여 다시 목회 해야지. 내가 천국 가서 아버지 얼굴을 어떻게 보냐" 하시던 엄마도 평안하게 지내신다. 목사 그만둔 아들에게 매를 대지 않는 하나님을 새롭게 만나고 계실까? 엄마는 이제 아흔을 훌쩍 넘기셨다. 몸과 정신의 근육이 하루가 다르게 느슨해지고, 마음 가는 대로 기억을 왜곡해 버리신다. 얼마 전 어느 주일, 교회 다녀오신 엄마가 동생에게 물었단다.

"야, 니가 목사였냐? 오늘 교회서 어느 집사가 정 목사님 잘 있냐고 하더라. 니가 목사였어?"

농담을 하시나, 잘못 들었나 싶었던 동생이 여러 번 확인 끝에 확인했다. 진심으로 네가 목사였냐고 묻고 계시는 것이었다. "엄마가 서원 기도 해서 나를 목사 만들지 않았냐"는 말에 돌아온 엄마의 대답에서 50여 년 묵은 진실이 드러났다. 엄마의 무의식 어딘가에서 튀어나온 불편한 진실 또는 속내. 그것을 꽁꽁 싸매고 있던 것이 무엇이었는지 알 수 없다. 종교였는지, 종교적 두려움이었는지, 종교적 두려움 때문에 알아서 기는 헌신이었는지. 무엇이 됐든 느슨해진 방어막 사이로 본심이 새어 나온 것은 분명하다.

"야야, 왜 너를 목사를 만들어? 그런 기도를 왜 했겄냐. 느이 아부지가 목회하느라 그르케 고생혔는디, 사랑허는 아들을 갖다 왜 목사를 시켰겄어? 무슨 소리를 허는 거여!"

## 10

### 건강한 교회, 아픈 사람들

"하나님 믿는데 교회는 싫어요. 무교회주의자? 아니에요. 교회 가고 싶어요. 다니고 싶은데 갈 교회가 없어요. 좋은 교회 있으면 소개시켜 주세요."

교회 좀 소개해 달라는 지인들 말에 울고 싶은 심정이다. 새 찬송가 515장('눈을 들어 하늘 보라') 가사 그대로다. 눈을 들어 여기저기 둘러보나 다닐 교회가 없다. 곳곳마다 상한 영의 탄식 소리가 들려온다. "좋은 교회 있으면 소개시켜 주오!" 빛을 잃은 많은 사람들, 길을 잃고 헤매며 탕자처럼 기진하니, 이 일을 어이할꼬, 믿는 자여 어이할꼬. 플래너리 오코너의 소설 제목처럼 '좋은 사람은 드물다.' 좋은 사람만큼이나 좋은 교회도 드물다. 좋은 교회라 한들, 내게 맞는다는 보장도 없다. 교회라고 다 같은 교회인가. 친구가 은혜받는 교회가 내게는 시험거리일 뿐이고, 내게 좋은 교회가 누구에게는 이상한 교회로 비치기도 한다.

개교회는 각각의 고유한 집단, 차라리 하나의 인격으로 봐야 할 것이다. 밤하늘에 치솟은 100개의 빨간 십자가는 100개의 인격과도 같다. 일란성쌍둥이끼리도 어딘가는 다르게 생겼단다. 말만 쌍둥이지, 전혀 다른 인격 둘이다. 한 사람은 이 세상 누구와도 같지 않다. 교회 또한 그러하다. '교회'라 부르면 다 같은 교회인 줄 아는 것으로 생기는 문제가 허다하다. 어느 교회에서 성공했다는 제자 훈련, 주일학교 프로그램, 셀 모임 같은 것을 그대로 가져다 쓰며 성공을 기대하지만, 오히려 전보다 더 나빠지는 경우를 많이 봤다. 프로그램이 아니라 사람, 사람이 어우러져 만든 집단의 생태가 관건일 테니 당연한 결과이지 싶다. 그러니 누구에게나 좋은 교회가 있기나 하겠는가. 내게 좋은 교회가 네게도 좋으리란 보장이 없다. "이러이러한 좋은 교회 있으면 소개시켜 줘"라고 하는 벗에게 되돌려 줄 말은 이것뿐.

"그런 교회 있으면 나 좀 소개시켜 줘."

좋은 교회를 찾는 지인이 사는 곳에 흔히 '건강한 작은 교회' 또는 '개혁적인 교회'로 불리는 교회가 있다면 비교적 마음 편히 소개한다. 교회 개혁의 기치를 내걸고 (주로) 평신도들이 주체가 되어 세운 교회이다. 목회자 주도라 해도 권한은 최소화하려는 의지가 역력해 보인다. 목사 평가제나 임기제를 제도화하고 있고, 교회 정관을 갖고 있거나, 정관에 의거해 민주적인 의사 결정을 구조화한 교회들이다. 교회 추천을 요청해 오는 이들은 대개 교회 생활에 지칠 만큼 지친 사람들이다. 상처도 받을 만큼 받았다. 세상 어디 마음에 꼭 드는 교회가 있겠느냐만, 이들이 더는 실망의 나락으로 떨어지지 않았으면 하는 마음 간절하다.

교회에서 받은 상처라는 것이 알고 보면 대부분 목회자에 기인한다. '교회 개혁'이라는 이름으로 세워진 건강한 교회들은 그 면에서 안전하다 여겨 일단 추천하고 본다. 목회자의 과도한 권한 행사가 원천적으로 봉쇄된 곳이 개혁적 교회라고 믿기 때문이다. 목사의 인격조차 보장할 수는 없겠지만 그거야 어쩌겠는가, 지인이여!

좋은 교회 추천만을 위해서는 아니다. 교회 개혁의 기치를 내건 '건강한 작은 교회'에 관심도 애정도 많다. 교회 때문에 고난을 겪고 광야로 내몰린 교인들이 마지막으로 남은 힘을 모아 일군 교회가 아닌가 싶어서 그렇다. 흔한 교회 사태를 겪은 후에 어떤 이들은 기독교 신앙을 떠난다. 또 신앙은 더 절절하되 밝아진 귀와 눈 때문에 어느 교회도 나갈 수 없는 이들도 있다. 자포자기식으로 아무 데나 가까운 교회로 가서 '선데이 크리스천'을 자처하기도 한다.

그런 가운데 가장 적극적인 선택 중 하나일 것이다. 바라고 꿈꾸는 그 좋은 교회를 우리 손으로 만들자! 이런 교회들에 마음이 간다. 당연히 끌린다. 정말 잘됐으면 싶다. 교회가 무너진 시대, 마지막 희망의 보루라고 여겨진다. 그 교회들에서 일어나는 일에 귀가 커진다.

그러나 어쩐지 갈수록 우려가 깊어진다. 보란 듯이 잘되어야(?) 할 '건강한' 교회가 잘되고 있다는 얘기를 별로 들어보지 못했다. 언론이나 소셜미디어에 비치는 것처럼 건강하지도, 공동체적이지도 않은 것이 아닐까 걱정이 된다. '건강함'을 표방하는 교회들 속에서 아파하는 사람을 많이 만나는 탓이다. 사람들이 있는 곳에 갈등이 일어나는 것은 당연하고 자연스러운 일이다. 목회자는 물론 어떤 권위에도 의존하지 않고 스스로 사유하며 교회의 주인 되기로 한 이들이 만든 공동체라면 더욱 그러할 것이다. '은혜로, 기도로' 덮다 악까지 덮어 버리는 획일화된 집단보다는 갈등이 있는 공동체가 더 은혜로울 수도 있다. 갈등이 있다는 것은 건강하다는 뜻이기도 하다.

헌데, 그럼에도 나는 건강한 교회의 건강을 묻고, 안녕을 묻게 된다. 자꾸 묻게 된다. 갈등하고 논쟁할 수 있다는 것은 좋은 일이다. 그렇다고 교회의 온전함이 거기에만 달린 것은 아니다. 건강한 몸 자신하다 중병 걸리는 것 모르는 운동 중독 아저씨를 보는 것 같은 느낌이랄까. 건강, 건강 하는데 정말 건강한가. 정말 잘됐으면 싶은 건강한 교회들이 잘되고 있는 걸까. 애초 '작음'을 지향하니 잘되는 지표가 눈에 보이는 수량은 아닐 테고. 그 안의 사람들은 건강할까. 교회는 민주적이고 건강한데 그 안의 사람들이 남모르게 아파하고 피 흘리고 있다면.

말이 되어 나온 말은, 하고자 하는 말이 아니라 그 이면을 더 투명하게 드러내곤 한다. '나는 괜찮다, 정말 괜찮다' 하는 말에서 우리는 쉽게 말하는 이의 괜찮지 않음을 감지한다. 입만 열면 자식이 주는 용돈 자랑하는 어머니들의 말은 돈만 보낼 뿐 따스하게 돌보지 않는 아들에 대한 섭섭함과 그리움을 쓸쓸하게 드러낸다. 과도하게 집착하는 것은 어쩔 수 없이 우리의 결핍을 드러내고 만다. 충분히 행복한 사람은 '행복하다, 행복하다' 떠벌릴 이유가 없다. 지나치게 건강만 걱정하면 없던 병도 생기게 마련이다. '건강염려증'이라는 병이 있지 않은가. 정말 건강한 사람은 건강하다고 떠벌릴 필요가 없다.

엄밀하게 말하면 '건강한 교회이다'가 아니라 '건강한 교회를 지향한다'이다. 즉 '우리는 지금 건강하지 않다'는 고백이기도 하다. '건강한 교회'에 대한 지나친 자부심, 건강에 대한 협소한 해석과 집착으로 건강을 해치고 있는 건 아닐까. 목사의 전횡을 막을 정관이 있고, 민주적 의사 결정 과정이 시스템화된 교회. 그것은 건강을 위한 어떤 수칙을 알고 지키는 것 이상이 아닌 것 같다. "야채를 많이 드시고 견과류도 좋습니다. 일주일에 3회 이상 꾸준히 운동하세요." 야채 위주로 식사를 하고 슈퍼 푸드만 골라 먹으며 꾸준히 운동하는 사람도 중병에 걸린다. 심지어 어떤 야채는 체질에 따라서 독이 될 수도 있단다. 그러니 건강을 위한 몇 가지 권고 사항 역시 기계적으로 적용해서 될 일이 아니다. 정관이 있고, 목회자가 독단적으로 결정할 권한이 적다고 해서 저절로 건강한 교회 되는 것은 아니라는 말이다. 유연하지 않은 원칙 몇 가지를 지키는 것으로, 그것도 실은 지키지도 않고 표방하는 것으로 '건강한 교회'라 자부하는 것은 얼마나 위험한 일인가. 심지어 그런 교회에 소속되었다는 이유로 스스로 건강한 신앙인이라 자부하는 것은.

　건강한 교회 교인들은 아프다. 이 땅의 모든 교회는 아프고 그 안의 사람들은 아프다. 하지만 건강한 교회 교인들은 치명적으로 아프다. 기존의 교회에서 떨어져 나오기까지, 이후에 동병상련의 사람들을 만나기까지, 새로운 교회를 세우기까지의 상처는 '트라우마'라 불릴 만하다. 목회자는 물론이거니와 한때 기도 제목을 나누며 손잡고 기도하던 교우와 법정 싸움을 하는 경험. 거기까지는 아니더라도 바른말을 하다 외톨이가 되거나 억울한 누명을 쓰기도 한다. 교회를 흔드는 자, 기도하지 않고 말만 하는 믿음 없는 자, 심지어 하나님의 일을 훼방하는 자로 몰리기까지 한다. 이런 경험은 삶에서 부딪히는 여느 스트레스와 다르다. 고려대 의대 고영훈 교수 말처럼 일반적 스트레스는 삶의 항해에서 에너지원이 되는 바람과 같다. 이와 달리 폭풍 같은 스트레스, 트라우마는 조금 다르다. 살아남은 자의 돛을 부러뜨리거나 곳곳에 구멍을 내어 삶의 여정을 방해한다. 폭풍을 만나 난파된 몸과 마음은 치유가 필요하다.

건강한 교회의 아픈 교인들이 가진 치명적 어려움은 치유의 기회를 거의 갖지 못한다는 것, 그리고 치유되지 못한 아픔이 어떤 경우 '분노'로 대체된다는 것이다. 거룩한 분노가 되어 교회 개혁과 뼈아픈 자기 개혁으로 연소되고 말면 좋을 텐데, 그러기는 쉽지 않다. 다루어지지 못한 상처와 분노는 교회나 불특정 목사를 향한 분노로 대체된다. 건강한 교회를 세워 정관을 목숨처럼 지키고 권력을 남용하는 목사를 매의 눈으로 감시하는 것은 거룩한 분노이며 동시에 왜곡된 불화살 쏘기일 수 있다. 상처받은 사람은 극단적이 될 수밖에 없다.

순진하게 교회와 목사를 믿으며 십일조하고 복을 빌던 지난날이 있었다면 십일조 폐지를 주장하며 목사의 사례비를 관리한다. 목사의 권력 앞에 굴종 같은 순종을 했던 만큼의 열정으로 목사에 맞서 끝까지 싸워 논쟁에서 이기기도 한다. 자기 손으로 목사를 자르기도 한다. 이것은 주체적 교인, 진격의 교인이 되기 위해 꼭 필요한 태도이며 과정일 것이다. 다만, 그것이 건강과 성숙의 표징 자체는 아니다. 가장 치명적인 것은 이 상태에서 자기 팽창에 함몰되는 것이다. '전과 같지 않으니 나는 건강해졌고 성숙해졌다' 여기는 순간 치유의 길에서 더욱 멀어질 뿐이다.

인간 본성 안의 성장 욕구에 관심이 많았던 심리학자 에이브러햄 매슬로는 '건강한 사람'의 특징을 임상 관찰을 통해 정리했다. 그중 첫 번째로 꼽는 것이 '사실에 대한 뛰어난 자각'이다.* 사실을 과장하거나 축소해서 바라보지 않고, 있는 그대로 자각한다는 의미일 것이다. 트라우마 치료는 일어난 사건의 치유가 아니다. 이미 일어난 사건, 이미 목도한 목회자의 횡령과 성범죄를 없던 것으로 되돌릴 수는 없다. 그것을 보지 않은 눈을 사서 다시 끼울 수는 없는 것이다. 과거에 당한 종교적 학대 자체를 어찌할 수는 없다. 다만 몸과 영혼

* 에이브러햄 매슬로, 『존재의 심리학』, 문예출판사, 116쪽

에 남은 트라우마의 흔적들을 해결할 수는 있다. 그 흔적이란 자라 보고 놀란 가슴 솥뚜껑 보고 놀라는 것과 흡사하다. 그런 의미로 트라우마의 온전한 치유는 자라를 자라로 보고 솥뚜껑을 솥뚜껑으로 보는 것이다. 자라 보고 놀란 사람이 단번에 솥뚜껑과 자라를 있는 그대로 바라볼 수는 없다. 자라처럼 보이는 솥뚜껑이라도 다가가 열어 그 안에 무엇이 들어 있나 확인할 수 있는 힘이 생긴다면 치유가 일어난 것이다. 목사와 교회로 인해 상처받아 아픈 이들의 치유는 '사실을 있는 그대로 보는 자각'이다.

과도한 긍정성을 극한의 부정성으로 대체하는 것이 아니다. 사기꾼 아니면 성인(聖人) 둘 중 하나로 세상의 모든 목사를 분류하려 한다면 아직 아픈 것이다. 삯꾼 목사를 분별하는 태도가 필요하지 않다는 뜻이 아니다. 다만 그것이 교회 생활에서 가장 중요한 일이라면 '나는 아직 아프구나'라고 인정할 수 있어야 한다는 뜻이다. 트라우마 치료는 자신의 트라우마를 인정하는 것에서 시작한다. 건강하지 않은 자신을 인정하는 것은 내 판단이 극단적일 수 있음을 인정하는 것이기도 하다. 매슬로 식으로 말하면 사실에 대한 왜곡된 자각이 있을 수 있음을 받아들이는 것이다.

건강한 교회의 아픈 교인들은 교회 구조의 건강과 자기 영혼의 건강을 분리해 바라볼 수 있어야 한다. 이를 위해 필요한 것도 사실에 대한 뛰어난 자각이다. 목사의 사기꾼 기질과 독재자 기질을 알아채는 육감만이 신앙 성숙의 지표가 아니다. 사기꾼으로 보이는 목사에게서 선함을, 예수님처럼 보이는 목사에게서 연약함을 발견할 수 있는 '지각'이 어른스러운 판단력이다.

건강한 교회 목회자는 안녕하실까. 개혁적이고 민주적인 교회는 목회자가 내놓은 권력에 기반한다. 건강한 교회 목회자는 대체로 기성 교회 목회자가 누리는 힘을 자발적으로 내려놓은 사람들이다. 그들 역시 교회에 대해 처절한 실망을 경험했기 때문일 것이다. 목회자가 되기 전, 아니 그 이후에도 무너져 가는 교회에 깔려 아플 만큼 아프고 분노할 만큼 분노했기에 거기까지 흘러들었을 것이다. 건강한 교회 목회자 역시 교인들과 마찬가지로 이미 상처받고 아픈 사람들이다. 결국 동병상련의 아픔으로 '건강함'의 결핍에 꽂혀서 만난 것이다.

거기에 더해, 목회자란 이름이 주는 필연의 상처를 자처해야 한다. 목사에게 상처받아 더는 어떤 목사도 믿을 수 없는 교인들은 자동적으로 자기방어를 할 수밖에 없다. 의식적 선택으로 하는 방어가 아니다. 더는 목사에게 속거나 상처받지 않겠노라 자기도 모르게 가시 옷을 입은 형국이다. 바로 그들을 맨몸으로 끌어안는 것이 목회자의 숙명일 터. 건강한 교회의 목사는 자기도 혐오하는 바로 그 목사의 범죄 대가를 치르는 입장에 놓인다. 어느 작은 교회 목사님이 자신의 목회를 이렇게 소개했다. "써 보지도 않은 거액의 헌금, 휘둘러 보지도 못한 권력에 대해 벌 받고 욕을 먹는 중"이라고.

꼭 개혁적인 교회 목회자라서는 아니다. 내 아버지는 지방에서 목회를 하셨다. 어릴 적 기억이라 장담할 수는 없지만 나름 영적 권위, 실질적 권력을 갖고 있는 목사였다. 과일이든 뭐든 교인들 가정의 첫 열매는 일단 목사 사택인 우리 집으로 왔다. 목사 대적하면 벌 받고 만다는 건 성경 말씀처럼 믿어졌던 것 같다. 그런 토양에서 목회를 하던 아버지였다. 돌아가신 지 한참인데 꾸부정하게 앉아 입안에 알보칠 바르시던 모습이 내 눈에는 선하다. 스트레스로 늘 입안이 헐었고, 그 스트레스 대부분은 교인들이 찔러 대는 칼 같은 말이었던 것으로 기억한다. 칼에 칼로 맞서지 못하는 것이 목사의 운명인지라 아버지의 입안은 자주 터지고 헐었다. (물론 맞서지 않았다는 건 아버지의 말이고, 상대 교인은 장도로 찔렸을지 모를 일이지만.) 그런 얘기도 들었다. 부자지간에 목사였다고 한다. 교인들의 무분별한 요구, 무례한 태도에 상처를 받은 아들 목사님이 아버지 목사님에게 전화로 하소연을 했단다. "아버지, 제가 이러려고 목사가 된 게 아니에요." 목사 경력 짧은 아들 목사에게 아버지 목사님이 "그러려고 목사가 된 건 아니지만 네 사례비는 그 비용까지 포함된 거란다" 하셨다고.

교우와 교우, 교우와 목회자 간의 아름다운 신뢰를 팔아 개혁을 산, 아프고 슬픈 공동체가 건강한 작은 교회가 아닐까 싶다. 교인도 아프고 목사도 아파 치유의 은총이 필요한 곳이다. 단지 심리적 치유가 필요한 것이 아니다. 목사와 교회로 얻은 트라우마는 심리적 치유 과정으로 닿을 수 없는 지점이 있다. 궁극적으로는 '망가진 하나님 이미지 치유', 즉 영성적 치유이다.

우리는 보이지도 만져지지도 않는 하나님과 어떻게 믿음의 인격적 관계를 맺을 수 있을까. 대상관계이론으로 말하자면, 우리가 다른 사람과 맺는 관계는 생애 초기 관계 경험으로 형성된 내적 이미지에서 비롯한다고 한다. 목회상담학 교수인 마이클 세인트 클레어(Michael St. Clair)는 그의 책 『인간의 관계 경험과 하나님 경험』(한국심리치료연구소)에서 "(개인이 하나님과 맺는 관계는) 사람들과의 관계에서 다른 사람들에 대한 내적 표상들과 이미지를 사용하는 것과 마찬가지로 그 개인이 갖고 있는 하나님에 대한 주관적인 이미지 또한 표상들을 사용하여 이루어진다"고 한다.● 물론 세속 심리학에서

---

● 마이클 세인트 클레어, 『인간의 관계 경험과 하나님 경험』, 한국심리치료연구소, 35쪽

말하는 것처럼(그의 표현으로는 '종교에 관한 심리학자') 하나님을 심리적 실재로만 보지는 않는다. 보이지도 만져지지도 않는 하나님을 만나는 인간이 만나는 방식이란 자기 경험 안에서의 이미지라는 것이다. 이 때문에 개인이 가진 하나님 이미지는 변화한다. 예배 시간에 눈 뜨고 헌금으로 과자 사 먹으면 지옥 보내는 하나님 이미지를 붙들고 성인의 삶을 살 수는 없다.

그렇다면 건강한 신앙 발달이란 하나님 이미지의 발달이라고 해도 과언이 아니다. 이해 불가의 고난 앞에서 '하나님, 당신은 어디 계셨습니까, 꽃다운 아이들이 세월호와 함께 침몰할 때 당신은 어디 계셨습니까, 목사가 무고한 나를 저주할 때 당신은 어디 계셨습니까' 묻는 순간은, 이전에 붙들고 있던 하나님 이미지가 파괴되는 순간이다. 가장 아프지만 더 투명한 하나님 이미지를 구축하는 시간이기도 하다.

신적 연결은 반드시 인간 매개자를 필요로 한다. 하나님 이미지는 사람을 통해 형성된다. 아주 어릴 적에는 전지전능한 부모, 자라면서는 영향력 있는 목회자를 보며 하나님 이미지를 그릴 것이다. 목회자는 하나님과 인간 사이의 매개자 되기를 자처한, 사람들 안의 하나님 이미지를 투사받는 존재이다. 성공을 향한 교인들의 욕망 투사를 받아 복받는 처세술 가르치는 데 충실한 목사가 있다면, 지고의 청빈함을 대신 살아 주는 목사도 있다. 건강한 작은 교회 목사의 소명은 기대를 저버린 하나님에 대한 분노의 투사를 받아 내는 것인지 모르겠다. 헌금을 탐하는 마음이 조금도 없는데 잠재적 헌금 도둑으로 감시당해야 한다. 권력을 행사하지 않겠노라 정관에 합의했고 당연한 권리조차 누리지 않으려 하는데 교회를 지배하려 한다는 오해를 받는다.

누구의 강요가 아니라도 지켜 내고 싶은 것을 감시당하는 모욕이라니. 그것을 견디는 것은 가시 옷 입은 이들을 안고 무고한 피를 흘리는 것과 같다. 이러려고 목회자 된 것이 아닌데, 이러려고 건강한 작은 교회 목회를 자처한 것이 아닌데 고통스러울 것이다. 무력감이 들고, 의미를 찾기 어려울 것이다. 신뢰와 존경을 먹고사는 목회자가 의심과 견제의 대상으로 서 있어야 하는 역설. 그 속에서 의미를 찾을 수 있을까.

정신과 의사 앨리스 밀러(Alice Miller)는 어린 시절 학대가 성인의 삶에 미치는 부정적 영향을 깊이 연구했다. 학대 경험과 분노를 인정하고 진정한 의사소통의 창구를 찾는 것이 치유의 방법이라고 했다. 그 과정에서 꼭 필요한 존재가 '전문가 증인'이다.• 이는 폭력을 행사하던 부모를 대신하는 존재이다. 내재된 분노를 인정해 주고, 표출해도 괜찮다고 말해 주며,

---

• 앨리스 밀러, 『폭력의 기억』, 양철북, 148쪽

할 수 있다면 그 분노를 받아 내기까지 해야 한다. 그럴 때 학대 피해자는 치유의 길에 들어선다. 이전 목사에게 받은 상처로 아픈 교인들에게는 전문가 증인이 필요할 것이다. 그 증인이 또 다른 목사라면 어떨까. 책에서 읽은 '영현 장교'에 관한 이야기가 생각난다.▲ 영현 처리 장교의 업무는 사망한 군인의 가족들에게 그 소식을 알리는 것이다. 영현 장교는 장교복을 갖춰 입고 찾아가 할 일을 한다. 남편이, 아들이 죽었다는 소식에 가족은 장교를 주먹으로 치고 소리를 지르고 욕을 한다. 그러는 동안 노련한 장교는 무엇을 하는가? 아무것도 하지 않는다. 가만히 서서 가족을 잃은 사람들이 자신에게 휘두르는 폭력을 받아 내고, 움찔하거나 물러서지도 않는다. 그만하라고 말하지도 않는다. 그저 맞고 당할 뿐이다. 귀신 잡는 해병대 장교복을 입고 말이다. 떼어 내거나 겨룰 힘이 없어서가 아니라 그저 맞는 것이 임무이기 때문이다.

아픈 교인과 아픈 목사가 만나 세운 건강한 교회 안에 보이지 않는 폭력이 난무하다. 깊은 상처의 증상들이다. 오고 가는 폭력 속에 더욱 큰 병을 얻고 흩어질 수도 있다. 유일한 희망은 영현 장교 같은 목회자 한 사람이 아닐까. 장교이지

▲  카렌 스피어스 자카리아스, 『나는 이제 두렵지 않습니다』, 새물결플러스, 166쪽

만, 힘을 가졌지만 행사하지 않고 폭력을 휘두르지 않는 것이 유일한 임무인 영현 장교처럼 말이다. 건강한 교회의 아픈 목사님들 얼굴이 스친다. 맞은 자리에 생긴 흔적들을 안다. 불면증, 우울증, 공황, 소화 장애, 낮은 자존감. 가장 위대한 영현 장교이신 예수님께서 그 길 따르는 제자를 알아주시길 기도한다. 그 아픈 자리를 만져 주시길 기도한다. 그리고 저들 얻어맞다 죽기 전에 보직 변경해 주시길.

김영봉 목사의 책 제목처럼 '사랑하는 사람은 누구나 아프다.' 사랑한다는 것은 상처받는 것이다. 가장 위대한 사랑의 대가는 인류 최악의 극형 십자가 아니던가. 건강한 교회 속 아픈 사람들의 분노는 교회를 향한 사랑의 다른 이름이다. 사랑한 만큼 실망하고, 실망한 만큼 분노하니 그 분노는 사랑이다. 그 분노를 몸으로 맞으며 견디며 낮아진 자존감으로 무력해진 목회자 역시 사랑의 다른 이름을 사는 것이다.

교회의 건강을 애타게 갈구하는 사람은 아프다. 목사도 교인도 모두 아프다. '나는 건강하다'는 자부심이나 몇 가지 수칙을 틀림없이 지키는 것이 건강을 보장하지 않는다. 통증을 통증 그대로 느낄 수 있어야 한다. 때로 도움을 구해야 한다. 자신이 아프다는 것을, 환자라는 것을 아는 이만 병원을 찾는다. 교회는 병원이라는 말에 모두 고개 끄덕이며 수긍한다. 다만, 모두 환자인데 나만 건강하다고 믿는 것이 치유를 불가능하게 하는 착각이다. 그 누구도 아닌 나 자신이 환자임을 아프게 인정하는 것이 치유의 희망이다.

## 11

## 사모, 아프거나 미치거나

사모님들이 아프다. 아픈 사모님들이 병원에 가지만 원인을 진단받지 못한다. 두통이 멈추지 않고 근육에 경련이 오거나 시시때때로 체하지만 원인은 모른다. 기운이 없어 자리에서 일어나지 못한다. 밤에는 잠 못 자고 낮에는 만성피로와 무기력의 시간을 보내기도 한다. 다들 이유는 없다고 한다. 이유 없는 병이 이유가 없지 않다는 것을 우리는 안다. 이 병은 엄마들의 병과도 비슷한 것 같다. 우리 엄마들은 다들 그렇게 아프다.

백소영 교수의 『엄마 되기, 힐링과 킬링 사이』(대한기독교서회)는 『엄마 되기, 아프거나 미치거나』의 개정판이다. 나는 초판 제목을 더 좋아한다. '엄마 됨, 엄마 된 상태'에 '아프거나 미치거나'로 이름을 붙여 준 책 제목 자체가 이미 치유라고 생각했다. 아닌 게 아니라 개정판 서문에서 책이 일으킨 반향에 놀랐다며 독자를 만난 경험에 대해 백소영 교수는 이렇게 말한다.

> 엄마들은 그녀들의 다소 부정적인 혹은 불순한 모성 경험이 개인의 불신앙이나 게으름 때문이 아니라는 말 한마디에도 큰 자유와 위로를 얻었다.*

그러니까 사모님들이 아픈 것은 마땅히 느끼고 표현해야 할 것이 풀려나지 못하고 몸 어딘가에 얼어붙거나 고여 있어 생긴 결과다. 아픈 사모님들, 당신이 이유 없이 아픈 이유는 당신이 남편의 사역을 가로막는 장애물이거나 믿음이 없는 등 당신의 잘못 때문이 아니라고 말해 주고 싶다. 모성이라는 이름으로 자신을 지우고 살아온 대가 또는 존재가 몸을 통해 보내는 SOS가 엄마들의 병이라면 '모성' 대신 '사모'라는 말을 넣으면 바로 원인 진단이 될 것이다. 사모라는 이름으로 자기를 잃고 살아가는 영혼이 몸으로 말하는 것이다.

가부장제 사회를 떠받치는 모성 신화를 살아 내느라 자기

* 백소영, 『엄마 되기, 힐링과 킬링 사이』, 대한기독교서회, 8쪽

를 잃어버린 엄마들이다. 그렇다면 사모님들은 종교적 가부장제 속 엄마일까. 엄마이기나 할까. 목소리 한번 제대로 내보지 못하는 존재감 없는 존재인데. 엄마라기보다 시집살이하는 며느리라고 하는 편이 낫겠다. 물론 여성주의 담론 안에서 중산층 백인 여성과 흑인 하층민 여성 문제가 다른 방식으로 공존하는 것처럼 교회 내 모든 사모의 위치를 단순하게 동일화할 수는 없다.

목회자 남편 대신 교회 실권을 쥐고 흔드는 권력 뒤의 권력인 큰 사모님이 있다는 것도 안다. 목회자 아닌 목회자 부인에게 받은 상처로 교회를 떠나는 이들도 있다. 그럼에도 '누구 목사님 사모님'으로 불리며 이름을 갖지 못한 존재는 사모님들밖에는 없다. 하물며 권력자까지도 '큰 사모님'이지 이름은 없다. 정체성의 근원이 자기 자신이 아닌 오직 남편이기 때문이다.

많은 사모님이 아프다. 조용히 만성적으로 아프다. 그 반면 급성으로 병증을 보이는 경우도 보았다. 교회 가야 하는 시간만 되면 갑자기 장이 꼬이며 데굴데굴 뒹굴었다거나 심장 박동이 빨라지며 손발이 차가워지기도 한단다. 이 '알 수 없는 이유' 역시 알 수 있는 이유이다. "미치겠다, 미쳐 가고 있다"고 말하는 사모님도 만났다. 청산유수의 찬양 인도자, 잘 배치된 악기, 열정으로 노래하는 회중의 찬양 시간이 견딜 수 없다는 것이다. 뛰쳐나가고 싶은 충동을 억누르다 속이 울렁거리고, 울렁거림을 이기고 앉았다가 결국 화장실로 달려가 구토하고 말았다는 것이다.

무언가가 역겨워 결국 게워 내고 만 것이다. 역겨워 토해 낸 그 내용물이 무엇일까. 모두 한통속이 되어 찬양하고 존중하는 집단 안에서 이방인, 아니 투명 인간 같은 자기 존재를 향한 연민일까. 교인들과 부교역자 대하는 태도가 너무도 다른 담임목사의 설교를 들으면 분노가 치밀어 올라 살인 본능까지 느껴진다는, 또 다른 미쳐 가는 사모님도 있었다. 이거 실화냐. 실화다.

사모였던 우리 엄마의 목소리가 아직도 귀에 쟁쟁하다. "사모의 '사' 자는 '죽을 사' 자여." 그 말이 딸이었던 내게 중요한 삶의 지침으로 남았다. 무엇이 되든 목회자의 아내는 되지 말아야 한다고 생각했다. 목회자가 되고 싶은 남자를 만났다. 나와 내 결심을 수용하기 위해 그 남자는 목회자의 꿈을 포기하겠노라 했다. 그래서 결혼했다. 결혼하고 6년, 둘째를 낳고 얼마 안 되어 남편은 숨겼던 선녀 옷을 꺼내 놓는 나무꾼처럼 목회자 꿈을 다시 만지작거렸다.

내가 내 꿈을 살아야 하는 것처럼 그 또한 자기 꿈을 살아야 하겠기에 기꺼이 가라고 했다. "설령 내가 목회자가 된다고 해도 당신의 삶은 달라지지 않는다. 그러지 않도록 하겠다. 당신은 목사와 결혼한 것이 아니라 나와 결혼한 것이다"라고 말했다. 신대원에 가고 사역을 하면서 자신의 말을 철저하게 지켰다.

남편이 목회자여서가 아니라, 덩달아 사모가 되어서가 아니라 깊은 기도에 대한 갈망이 컸다. 깊은 사귐의 기도를 하고 싶고 배우고 싶었다. 그 깊은 갈망과 상관없이 단지 내가 사모니까, 아이들이 어려도 무조건 새벽 기도 나오라는 요구는 견딜 수 없었다. 나가고 싶은 날 나가고, 일어나지 못하면 나가지 않았다. 아이가 깨서 "엄마 무서워. 가지 마" 하고 울면 아이를 안고 있다 다시 잠들기도 했다. 남편이 나 대신 받는 눈총과 압력이 있음을 알기에 마음은 늘 불편했다.

어느 날 새벽, 갈 것인가 말 것인가 갈등 속에 앉아 있는 내게 남편이 말했다. "여보, 정말 당신이 기도하고 싶으면 가." 부당하게 사모 역할을 강요하는 것으로부터 지켜 주려는 남편, 그 눈물겨운 노력에도 나는 사모 스트레스를 받지 않을 수 없었다. 게다가 글 쓰는 여자, 내 목소리를 낼 수 있는 특권을 가지고 있음에도 말이다. 앞의 아프거나 미치는 사모님들의 경험은 모두 내 것처럼, 내가 겪은 일처럼 공감이 된다.

소리 없이 아프거나 미쳐 가는 이 땅의 사모님들을 어찌할 것인가. 5천 년 이어 온 가부장 사회에서 남자 아닌 여자 사람, 그중에서도 교회 안의 형제 아닌 자매, 그중에서도 목회자의 아내이다. 여성에 대한 차별과 혐오가 종교의 이름으로 더욱 정당성을 얻는 곳이 교회이다. 그 교회 여성 중에서도 피라미드 맨 아래 칸, '설국 열차'의 꼬리 칸이 사모님들 자리이다. 누구누구의 아내(라고 쓰고 역할 보조자라고 읽는다)인 타자일 뿐인 여자들. 정체성의 근거 자체가 자기 자신, 제 이름으로 불리지 않는 여자들. 아프고 미쳐 가는 사모들을 아우르는 하나의 죄가 있다면 목회자와 결혼한 것이다.

강의하러 다니며 나를 소개해야 할 때가 종종 있다. 나를 소개하는 문구가 인쇄된 것을 보는 일도 있다. 내 이름 뒤 괄호 안에 붙는 호칭이 '사모'일 때가 있다. 내 전공이 있고, 내가 써 온 글이 있어서 작가나 음악치료사여도 되는데, 굳이 남편으로 생긴 호칭이 붙는다. 아프고 미쳐 가는 사모들이 가엾고 안타까워 돕고 싶다면 사모 아닌 사람으로 보아 주는 것이다. 사모라는 호칭이 무용지물 되게 하는 것이다. '사모'는 이미 타자화되어 주체적 생명력이 사라진 호칭이기 때문이다.

'사모 세미나'라는 이름으로 교육과 쉼과 위로를 제공하는 시도들이 있는데 사실 그게 더 슬프다. 사모님들의 실질적 필요를 채우는 면이 있다는 것을 안다. 지친 사모님들이 교회 일상에서 빠져나와 남이 해 주는 밥 먹고 잘 쉬는 며칠을 보내는 것만으로도 좋다. 그럼에도 마치 사모가 갖춰야 할 어떤 덕이 따로 있는 것처럼, 그것을 가르치겠다는 그 시도 자체가 억압이고 폭력이다.

따로 배워야 할 사모의 덕이란 무엇일까. 기도 많이 하고 아이들 잘 키우는 것은 기본. 적은 사례비에도 불평 없이 살림을 살아 내야 내는 것? 피아노 반주? 성격으로 치면 밝고 싹싹해야 하지만 과묵하기도 해야 하고, 멋을 너무 부려서도 안 되지만 그렇다고 꾸미지 않으면 안 된단다. 어느 장단에 춤을 춰야 하는가. 춤추지 말아야 한다. 아니 출 수가 없는 춤이다. 이쪽 스피커에선 왈츠 리듬을, 저쪽에선 탱고를, 또 다른 곳에서는 삼바 리듬을 준다면 춤을 출 수가 없다. 아픈 사모님들을 돕고 싶다면 사모 되라 하지 말아야 한다. 자기 자신이 되도록 두는 것이다.

나는 "사모님" 하고 불리는 것 자체가 싫지는 않다. 가끔 아주 따뜻하게 들리기도 한다. 문제는 관계이다. 어떤 관계성 안에서 부르고 불리느냐이다. 강사로 갔을 때 굳이 힘주어 '작가'라 칭해 주는 분들이 있다. '사모'라는 말에 달라붙은 전적인 타자성, 온갖 불합리·비합리를 인지하시는 분들이다. 배려심이 느껴진다. 그렇다고 '사모'라고 소개되는 것이 늘 불편한 것은 아니다. 어떤 보수적인 교회에선 그 어떤 호칭보다 예우를 담은 것임을 알기 때문이다. 호칭이 아니라 관계성이다.

청년 시절부터 다니던 교회에서 남편이 첫 목회 사역을 시작했다. 정 선생님, 지휘자님, 언니, 누나, 신실이. 여러 호칭이 혼재할 수밖에 없었다. 청년 시절부터 20여 년 지기인 여자 후배가 있었는데 이런저런 입장, 특히 교회에 대한 생각이 달라 서로 마음이 좀 불편해졌다. 서로 다른 생각을 표명하는 과정에서 그 친구가 20년 언니였던 내게 정색하고 "정신실 사모"라 칭했단 말에 적잖이 충격을 받았다. 교인 vs. 사모 구도를 통해 관계에서 우위를 점하겠다는 것으로 읽혔기 때문이다.

그런 사모라면 평생 불리고 싶지 않다. SNS에 내게 사모님이란 호칭을 붙여 글을 쓴 분이 있었나 보다. 그 글에 "이분은 자기 이름으로 책도 냈는데 왜 사모로 불려야 하느냐"는 댓글이 달렸단다. 나를 사모님이라 칭한 분은 나와 개인적인 관계로 만났고, 그 관계에서 시작된 호칭이어서 문제될 것이 없었다.

사모라는 호칭에 나를 가두려던 후배의 태도나 사모라 부르지 않는 것으로 나를 규정하는 것이나 탈관계성에서 비롯한 일이다. 정작 불리는 '나', '사모인 나'는 없다. 어떤 주장에 힘을 싣거나 주장하는 자를 돋보이게 하려는 목적으로 불리거나 불리지 않는 사모 호칭이라니. 오래전 어느 날, 청년 여럿과 카페에서 놀고 있었다. 무르익는 수다 속에 분위기가 고조되면서 목소리들이 커졌다. "사모님", "사모님" 큰 소리로 부르는데 영 싫었다. 작은 소리로 어금니 딱 붙이고 "야, 바께

스는 은니라고 블러라" 하고 함께 웃었다. 그때 분위기를 떠올리며 한마디 하고 싶다.

"므라고 블릴찌는 내그 결쯩흔드!"

사모를 '집사'라 부르는 교회에도 있어 봤다. 잠시 신선했고, 숨통이 트이는 것 같았지만 그리 불러 놓고 고상하며 교묘한 방식으로 남편 목사의 사역에 종속시킨다면 더 숨이 막히는 일이다. 사모라는 호칭이 문제인가. 문제다. 이름 붙이는 것은 규정하는 것이니까. 호칭이 없어지면 좋겠다. 아니 호칭이 아니라 종속된 존재가 없어지고 주체가 살아나면 좋겠다.

목회자 남편을 둔 이상 목회자 아내임을 부인할 수 없다. 내게 주어진 여러 사회적 역할 중 하나로 생각한다. 심리학에서 말하는 사회적 얼굴, 페르소나 중 하나이다. 페르소나는 없애야 하는 것이 아니라 상황에 맞게 유연하게 쓰고 벗을 수 있으면 되는 것이다. 페르소나와 나를 동일시할 일도 아니다.

사모라는 페르소나와 자신을 동일시하여 담임목사나 교인들의 모든 기대에 맞춰 사는 사람, 그리하여 일말의 존재적 버성김도 느끼지 않는 사람이 가장 문제적 사모일지 모른다. 역할이야 멋지게 수행해 낼지 몰라도 진실한 자아는 점점 숨막혀 죽어 갈지 모른다. 진실한 나와 사모라는 페르소나, 부당한 기대 사이에서 부대끼며 아프거나, 미치는 사람에게 차라리 희망이 있는지 모른다.

어느 교회에 강의하러 가서 청년 시절 함께했던 제자를 만난 적이 있다. 반가운 마음에 그 시절 부르던 별명이 툭 튀어나온다. "야, 쑹알!" 툭 불러 놓고 나니 어쩐지 어색한 것은 시간이 흘러서일까, 공간의 낯섦 때문일까. "엄마, 엄마" 부르며 쑹알 주변을 오가는 아이들 때문일까. 아, 엄마가 되었구나. 조금 지쳐 보이는 것은 육아의 고단함 때문일까. 어, 그런데 왜 혼자서 아이를 보고 있지? 아, 남편이 그 교회 교역자였다. 그렇구나. '사모'로구나! 이 싱그러운 이름 쑹알은 물론 제 이름 석 자로도 불리지 않겠구나.

강사 의전을 하겠다고 청년 몇이 다가왔다. 한때 쑹알은 저들과 같은 청년이었다. 청년들을 붙들고 그들은 모르는 쑹알, 사모님 이전의 이 사람을 말해 주고 싶었다. 쑹알이 중고등부 때부터 얼마나 인기가 좋았었는지. '○○교회 이영애'로 불렸다는 것도. 고등부 때는 선생님에게 반항하며 예배 시간에 박차고 나가기도 했다는 것도. 찬양팀 교사를 할 때 아이들에게 어떻게 감동을 줬는지. 강수지의 '보랏빛 향기'를 부르며 똑같이 춤을 출 수 있다는 것도. 무색무취의 사모님이 아니라 단맛·신맛·쓴맛 다 가진, 고유의 빛깔을 가진 한 사람이라고 말해 주고 싶었다.

에필로그

# 신앙 사춘기를 넘어

다시 사춘기 얘기이다. "우리 애는 착해서 사춘기 안 하고 잘 넘어갔어요" 하는 말은 자랑이 될 수 없다. 인간의 심리적 발달을 아는 사람이라면 안다. 사춘기는 착한 아이는 피해 가고, 문제아는 혹독하게 통과하는, 피할 수 있다면 피해야 하는 시간이 아니다. 학문적 이론도 필요 없다. 이런 일상의 발달심리학 법칙이 있지 않은가. 지랄 총량의 법칙. 평생에 채워야 할 지랄의 양은 정해져 있고, 언젠가는 거치게 된다는 것이다. 아이를 다 키운 분들이 하는 말을 들었다. "할 때 하는 게 제일 좋아. 다 커서 사춘기 하는 꼴은 더 못 봐." 사춘기는 아이에서 어른으로 가는 길목에서 겪는, 피할 수 없는 성장통이다. 성에 눈을 뜨고, 몸은 한껏 자라 어른이 된 것 같은데 정신은 몸의 속도를 따르지 못한다. 그러니 혼란과 혼돈, 질풍노도의 나날인 것이다. 어느 날은 다 자란 어른이 된 기분, 다른 날은 아이처럼 두려운 느낌에 사로잡힌다. 맥락 없는 감정과 말이 툭툭 튀어나오는데 "너 도대체 왜 이래?" 묻는 부모에게 설명할 말이 없는 것이다. 저도 모르는 제 마음이니까. 그러니 세상 짜증 날 수밖에.

맥락 없는 분노와 무기력의 방향이 불특정 다방향인 듯 보이지만 화살표 연장선 끝엔 부모가 있다. 자크 라캉(Jacques Lacan)이 말하는 것처럼 인간은 타자의 욕망을 욕망하며 사회화한다. 즉, 태어나 처음 만나는 타자인 엄마가 좋아하는 일을 좋은 일로 여기며 발달해 간다. 어쩌다 고개를 이리저리 돌렸는데 '우리 아가 도리도리 하네!' 좋아하는 엄마의 반응에 도리도리를 하고, 잼잼을 하다 한 발 한 발 걸음을 떼기도 하는 것이다. 이렇듯 부모라는 거울에 자기를 비추어 옳고 그름을 배우고 사회화되어 가는 것이 생애 초기의 발달이다. 건강하게 자라는 아이는 서서히 자기 정체감을 갖게 된다. 그리고 부모의 욕망이 아닌 자기 욕망으로 살려고 한다. 자기 자신이 되겠다는 욕망을 폭발적으로 드러내는 때가 사춘기이다. 존재의 서로 다른 욕망이 대등하게 맞설 때 충돌은 불가피하다. 부모의 뜻이냐 내 뜻이냐. 불꽃이 튄다. 전에 없던 반항에 당황하고 흥분한 부모의 손이 올라가고, 재빠르게 그 손

목을 잡은 아이가 말한다. "말로 하시죠."

부모와 대놓고 맞서든, 몰래 일탈 행동을 하든 사춘기는 부모를 넘어서는 시기이다. 부모를 넘어서야 아이는 독립된 어른이 된다. 그러니 사춘기는 의미 없는 지랄의 나날이 아니다. 인간의 심리와 영성 발달에서 중요한 통과 의례이다. 신앙 사춘기라고 다를까. 아동 정신분석가 도널드 위니컷(Donald Winnicott)은 아이가 신과 연결되기 위해서는 매개자, '중간 대상'과의 연결이 필요하다고 했다.• 신과 인간 사이 매개자로 부름받거나 자처한 성직자가 어느 종교에나 있다. 원하든 원하지 않든 우리는 그들의 매개로 신과 연결된다. 인정하든 인정하지 않든 목사는 무의식적으로 영적 부모가 된다. 그렇다면 신앙 사춘기 역시 의미 없는 방황, 시간 낭비가 아니다. 매개자였던 목사를 넘어 내 발로 서는 시간이다.

정신분석학자 김서영 교수 역시 프로이트(Freud)의 '동일시' 이론으로 비슷한 설명을 한다. 그에 따르면 우리는 누군가를 마음에 담고 그 사람의 특성을 모델 삼아 자신을 주조해 간다. 선망하여 마음에 담는 것, 이것이 동일시이다. 종교와의 동일시도 언제나 특정 인물을 통해 이루어진다. 아이들이 최

---

• 마이클 세인트 클레어, 『인간의 관계 경험과 하나님 경험』, 한국심리치료연구소, 27쪽

초로 동일시하는 대상은 부모이다. 독립적인 인간이 되기 위해서 아이는 어느 순간 반드시 부모의 손을 놓아야 한다. 사춘기의 과업이다. 김서영 교수는 이것을 정신적 이유(離乳)라고 한다. 부모 동일시를 끝내고 부모의 손을 놓는 순간, 아이는 자유로운 두 손으로 다른 사람의 손을 잡을 수 있고 독립된 성인이 된다. 사춘기의 끝이다.•

하루에도 몇 번씩 속을 뒤집어 놓는 사춘기 아이의 눈빛과 말. 아이의 사춘기는 엄마로서 인고의 시간이었다. 저런 몹쓸 인성으로 계속 자란다면 어떤 인간이 되겠는가. 어떤 날은 걱정으로 잠이 오지 않았다. 선배 엄마들이 말하듯 그 또한 지나가고 사춘기의 끝은 왔다. 냉소와 분노의 레이저를 수시로 뿜어 대던 눈빛이 부드러워졌다. 큰아이 사춘기의 시작과 끝을 확인하고 얼마 되지 않아 둘째의 눈에 독기가 어른거리기 시작했다. 올 것이 왔구나, 어른 대접해 달라고 온몸으로 주장하는구나, 조금 편히 대할 수 있었다. 뒤집고, 기고, 서고, 한 발을 떼고, 뛰는 것처럼 발달은 자연스럽게 일어난다. 신체 발달이 그러하듯 마음의 발달 또한 나이에 따라 혼돈의 사춘기를 지내고 생명력 넘치는 청년기로 넘어가 성인이 된다.

신앙 발달은 그렇지가 않다. 예수 믿은 연수에 맞게 성장

• 　　　김서영, 『프로이트의 편지』, 아카넷, 125쪽

하고 발달하질 않는다. 평생 달란트 모아서 상받는 것에만 목숨 거는 유년부로 사는 사람이 많다. 목사가 불러주는 대로 괄호 안에 답을 다는 성경 공부로 만족한다. 때로 의문을 품기도, 질문을 던지기도 해야 하는데 목사라는 대타자의 욕망을 욕망하는 것으로 만족하는 교인이 많다. 목사의 권력, 돈, 성, 인격 문제로 고통당하며 눈을 뜬 사람들이 있다. 더는 목사의 욕망을 욕망할 수 없게 되었고, 동일시의 대상으로 품을 수 없게 되었다. 기쁨 주고 사랑받는 대상이 사라져 버리는 것이다. 그가 매개하던 하나님과의 연결도 느슨해지고 원치 않는 신앙의 사춘기로 내몰린다.

그렇다. 나는 신앙 사춘기로 내몰려 나왔다. 하지만 적어도 예전의 어린 백합꽃으로 돌아가고 싶은 마음은 없다. 정희진의 말처럼 안다는 것은 상처받는 것이지만, 상처가 두려워 무지의 상태로 다시 돌아가고 싶지는 않은 것이다. 가끔은 차라리 고맙다. 처절하게 실망시켜 준 목사와 교회 덕에 달란트 모으던 상자를 집어던지고 새로운 발달 단계로 들어서게 되었으니.

신앙 사춘기 어두운 숲 한가운데 서 있던 즈음이었다. 침묵 기도 피정에 참가하였다. 머리로 알던 하나님은 사랑의 하나님이 분명한데 가슴으로 만나는 하나님은 두려운 존재일 뿐임을 알게 되었다. 하나님이 좋아하실 법한 일을 분주하게 열심히 하는 것이 쉽지 "내 무릎에 와 앉으라" 말씀하신다면 그것은 불가능했다. 가까이 하기에 너무 먼 하나님, 두려운 하나님이었다. 피정 이후 더욱 마음이 힘들었다. 유년 신앙의 푸른 초장을 떠나 어두운 숲으로 들어왔건만, 정작 두려움으로 한 발짝도 내디딜 수 없는 느낌이었다. 하나님은 멀리 계셨고, 어두운 숲에서 길을 잃은 내게 먼저 다가오지 않으셨다. 오히려 당신 무릎에 와 앉으라고만 하셨다. 나는 두려워 다가갈 수 없었고, 앞으로 나가지도 뒤로 돌아가지도 못할 곳에 서 있으니 눈물만 났다. 마음의 부대낌은 신체화로 드러나 몸이 많이 아팠다.

친정 엄마가 집에 오셨다. 아픈 딸을 위해 기도해 주러 오신 것이다. 며칠 지내며 나름대로 상황을 파악한 엄마의 일상 설교가 시작되었다. "아이들을 말씀으로 키워야 헌다, 가정예배 드려라, 기도혀라, 기도 뺌이는 읎다. 주일 성수는 허니? 주일날 장 보지 마라." 너무나 익숙한 말과 목소리, 마음 깊은 곳에서 거부반응이 밀고 올라왔다. "엄마, 나 힘들어. 좀 쉴게" 했다. 그때 내 귀에 꽂힌 엄마의 마지막 말. "너어, 하나님 두려운 줄 알고 살어." 내 영혼의 수류탄 안전핀을 뽑는 말이었다. 뼛속까지 새겨진 엄마의 목소리. "하나님 두려운 줄 알고 살어." "하나님 두려운 줄 알고 살어."

분노의 통곡이 터져 나왔다. 고래고래 소리 지르고 싶었다. 엄마가 시키는 대로 하나님을 두려워했다고, 지금도 두려울 뿐이라고, 사랑이 아니라 두려움 때문에 신앙생활 해 왔다고, 이 어두운 숲에서 더듬어 찾아가 앉을 곳은 그분의 무릎뿐임은 알겠는데 두려워 가까이 갈 수 없으니 속이 시원하시냐고, 평생 하나님이 두려워 사랑의 하나님은 말로만 만나 봤다고, 이제 속이 시원하시냐고, 다른 건 몰라도 하나님이 두려운 분이라는 건 엄마에게 기가 막히게 잘 배웠다고. 침대에 엎드려 오래오래 울었다. 나와 하나님 사이를 이렇게 갈라놓은 엄마를 용서할 수 없었다. 엄마를, 목사를, 교회를 용서할 수 없었다. 내 집에서 당장 나가라고 엄마를 쫓아내고 싶었지만 차마 그러지는 못했다. 마음으로는 내 집 현관 밖으로 등 떠밀어 내보냈고 문을 쾅 닫았다.

한동안은 죄책감에 시달렸지만 시간이 갈수록 오히려 더 편해졌다. 돌아보면 동일시를 끊어내는 일이었다. 엄마와 함께 아버지를, 아버지와 함께 영적 아버지인 목사들을, 목사들과 함께 교회를 내보냈다. 김서영 교수의 말처럼 어린 날 마음에 담은 권위와의 동일시를 끝내고 잡았던 손을 놓으니 자유로워졌다. 말이 좋아 자유이지, 텅 비어 버린 손은 공허하기 이를 데 없었다. 전처럼 청하는 기도를 드릴 수도, 감정을 자극하는 찬양에 쉽게 마음을 열 수도 없었다. 외로워졌고 덤덤해졌다. 은혜가 되는 설교는 없고, 설령 어떤 설교가 마음을 울려도 설교자의 일상을 애써 상상하며 '거기서 거기일 거야' 싶으니 갈수록 냉랭해졌다. 자유롭지만 고독하고, 삶은 더욱 불확실성으로 내몰렸다.

모호함을 견디는 것이 어른의 힘이라는 것, 불안과 불확실성 속에서 영혼의 중심을 구축해 나가는 것이 성숙한 삶이라는 것을 배웠으니 견뎌야 할 일이다. 텅 빈 손과 낮아진 마음의 공간 안에 생소한 타자가, 새로운 가르침이 조금씩 들어왔다. 사람들이 다가오기 시작했다. 비슷한 여정을 겪은 이들이 다가와 마음을 열어 보여 주었다. 수줍게 맞잡은 손으로 점점 큰 원이 되어 간다. 연대하니 비로소 어두운 숲에 한 줄기 빛이 비추는 것 같았다. 십 년 넘게 헤매던 신앙 사춘기의 숲에서 손잡고 빠져나가는 중이다.

교회를 사랑하는 이들이 집단적 사춘기를 앓고 있는 것 같다. 분노하고 냉소하며 사기꾼 목사 색출과 퇴출에 목숨을 거는 사람. 교회 봉사한다고 복받는 것 아님을 알았으니 '에라, 교회는 팽개치고 여행이나 다니고 몸이나 가꾸자'며 거침없이 누리기로 작정한 사람. 사회적 하나님에 눈을 떠 부흥 집회 대신 시국 집회와 시위에 열정을 쏟는 사람. '아이고, 의미 없다'며 무기력이라는 병에 걸린 사람. 자기 욕망이 아니라 목사의 욕망을 욕망하며 살아온 세월이 억울하니 이제라도 자기답게 살겠다며 때와 장소 가리지 않고 감정과 욕망 분출

하는 사람. 가려운 곳 딱딱 짚어서 긁어 주는 신학, 거침없이 욕해 주는 사이다 성경 공부에 매료되어 학구열을 불태우는 사람. 각자 나름대로 다리 덜덜 떨며 사춘기의 숲을 헤매는 것 같다. 사춘기 교인은 넘쳐나는데 목회자들은 아직 중고등부는커녕 유치부에나 먹힐 설교와 가르침을 내놓고 있다. 교인들은 신앙의 실존 앞에 알몸으로 섰는데 에덴동산 그림 한 장 들고 "여러분, 세상은 누가 만드셨죠?" 하며 설교하는 형국이다.

 사춘기는 못 배워 무식하고, 가난하고, 말 안 통하고, 성질 사나운 부모를 '쪽팔려' 하며 시작되기도 한다. 그 부모와 맞서다 주먹으로 벽을 치고, 몰래 담배를 피우며 일탈도 하고 결국 부모라는 산을 넘어서 어른이 된다. 정신 제대로 박힌 교인들을 사춘기 광야로 내몬 범죄자 또는 위선자 목사들의 죄를 가벼이 여길 뜻은 없다. 받아야 할 죗값이 있다면 끝까지 받도록 하고, 어설픈 용서 따위는 하지 않을 것이다. 다만 그와 나를 한데 묶어 빠르게 추락하는 엘리베이터에 태우지는 않을 것이다. 내 엄마와 연결되었던 탯줄이 잘리며 태아에서 신생아로 세상에 나왔다. 사춘기 아이에서 청년이 되고, 딸에서 아내가 되고, 딸에서 엄마가 되는 생의 전환점마다 다시 끊고 또 끊어야 했던 것이 엄마와 연결된 끈이다. 떠나고 또 떠나와 지금 여기에 섰다. 그렇게 떠나온 덕에 노년의 엄마를 투명한 애정으로 돌볼 힘이 생겼다. 한때 내 인생에서 지워 버리고 싶을 만큼 부끄러웠고, 미워서 맞서고 대적했던 내 엄마다. 이렇듯 영적 부모, 영적 고향인 목사와 교회를 떠나고 넘어서며 더 깊은 사랑을 만날 수 있을까. 그럴 수 있을까. 나의 어머니, 나의 교회여!

부록 1

# 정 작가의 독서 여정\*

한 사람의 이야기가 폭발하는 순간이 있다. 사람들에게서 공감을 불러일으키는 때다. 공감과 공감은 만나면서 더 큰 담론을 형성하고, 나아가 사회를 바꾸기도 한다. 서지현 검사의 '이야기'가 촉발한 미투 운동이 대표 사례다. 2018년처럼 개개인의 이야기들이 쏟아져 나온 해도 드물 것이다.

교회를 이탈하는 가나안 교인 현상이 가속화하는 가운데, 정신실 작가는 자신을 '심정적 가나안 교인'이라고 표현하며 <뉴스앤조이> 지면을 통해 교회에 회의를 느끼는 이들의 '영적

* 이 내용은 2018년 12월 7일 <뉴스앤조이>(www.newsnjoy.or.kr)에 실린 같은 제목의 기사를 가져온 것이다.

사춘기'를 다뤘다. '정신실의 신앙 사춘기'라는 제목으로 열 차례 연재한 정 작가의 진솔한 신앙 이야기는 매회 평균 1만 5천 명에게 닿았다.

정신실 작가는 『커피 한 잔과 함께하는 에니어그램』(죠이선교회), 『나의 성소 싱크대 앞』·『토닥토닥 성장 일기』(죠이북스), 『연애의 태도』(두란노) 등의 저서를 통해 연애·결혼·육아를 비롯한 '일상의 영성'을 따뜻하게 글로 풀어내 많은 그리스도인을 위로했다. 이번 연재에서도 △목사에게 상처를 입은 교인의 울분 △목회자 아내가 겪는 애환 △종교 중독자의 열심과 고통 △목사가 경험하는 소명의 굴레 등 날카롭게 쓸 수 있을 법한 주제들을 따뜻한 시선으로 담았다.

정 작가는 목회자 아내가 된 후 십여 년간 어두운 터널과 같은 신앙 사춘기를 경험했다. '사모'로서 평생을 살아온 엄마, 긴 고민 끝에 목사를 그만둔 동생, 목회자로 살아가는 남편 사이에서 하나님이 계시지 않는 듯한 막막함을 느끼며 방황의 시간을 보냈다. 그는 이 시기를 "독서로 뚫고 왔다"고 말했다. 자신보다 앞서 방황했던 저자들 책을 통해 터널 속 삶을 성찰할 수 있었다는 의미다. 정 작가와의 인터뷰를 일문일답으로 정리했다.

**연재를 끝낸 소감이 어떤가.**

'신앙 사춘기'는 내게 관념적 용어가 아니다. 몸으로 통과해 온 시간이 글로 정리된 것이 이번 연재 '신앙 사춘기'다. 힘든 글이 되리라 예상했지만 울게 될 줄 몰랐다. 한 편도 울지 않고 쓴 글이 없다. 쓰다가 울기도 하고, 독자 반응을 접하면서 울컥하기도 했다. 치유의 시간이 됐다. 보통 탈고할 때는 홀가분한데, 이번 글은 매번 송고 후에도 마음이 무거웠다. 마지막 글을 쓰고서야 '짐을 벗었다'는 안도감이 들었다. 올해 하반기는 이 글과 더불어 살았다.

모든 작가에게 글쓰기의 시작은 행복과 만족이 아닌 결핍과 고통일 것이다. 분명 되고자 하는 바, 목마른 바, 찾고자 하는 바가 있어서 글을 쓸 텐데, 뭔지 잘 모르고 쓰기 시작하는 듯하다. 그것이 무엇인지는 글 쓰는 과정을 통해 드러난다. 왜 쓰게 됐는지, 무엇을 쓰고 싶었는지. 결국 사람은 다 자기 변호를 위해 사는 것 아닌가.

나를 변호하기 위한 글이 아니었나 싶다. 묻지도, 궁금해하지도 않는 사적인 이야기를 꺼내 놓았다. 사람들이 읽어 주길 바라면서 동시에 읽히지 않기를 바랐다. 힘겨운 내적 갈등이었다. 그럼에도 결국 글쓰기는 나를 지키는 방식이고, 이번 연재 글은 내가 지켜 왔던 것에 대한 고백이었다는 생각이 든다.

**무거운 주제의 연재였지만, 너무 무겁게만 다루지는 않은 것 같다. 글 중간중간 유머도 넣었다.**

누가 이번 연재 글 중 '밥벌이로써의 목회'를 읽고, "다 읽고 나니까 웃을까 울까 망설여진다"고 하더라. 이 반응이 참 좋았다. 어려서부터 좋아하던 동요의 한 대목이다.

> 귀여운 꼬마가 닭장에 가서 / 암탉을 잡으려다 놓쳤다네 / 닭장 밖에 있던 배고픈 여우 / 옳거니 하면서 물고 갔다네 / 꼬꼬댁 암탉 소리를 쳤네 / 꼬꼬댁 암탉 소리를 쳤네 / 귀여운 꼬마가 그 꼴을 보고 / 웃을까 울까 망설였다네.

글로든 일상에서든 누군가와 만날 때는 감정의 결이 드러나야 한다고 생각한다. 현재 목회자 성폭력 생존자 치유 글쓰기 모임을 이끌고 있는데, 치유 집단이라고 해서 계속 울고 우울한 시간을 보내지 않는다. 글 나눔을 하며 웃다가 울고, 또 울다가 웃는다. 감정의 결이 살아 있다는 것은 내가 살아 있다는 뜻이다. 감정을 복합적으로 느낀다는 것은 더더욱 살아 있다는 뜻이다. 『죽고 싶지만 떡볶이는 먹고 싶어』(흔)라는 책도 있지 않은가.

'가르치는 글을 쓰지는 말아야겠다'는 마음으로 쓴다. 가르치고 설명하는 글이 있어 보이는 것 같기는 한데, 나는 적어도 그런 글은 쓰지 말아야겠다고 생각한다. 부끄럽지만, 그러기 위해 내 이야기를 드러내는 듯하다. 또 웃기고 울려야 한다는 강박감이 있다. 글에 웃음 코드나 유머가 들어가지 않으면 글을 못 썼다는 생각이 든다. 그래서 내 글은 가볍지 싶기도 하고. 공감 조금, 고민 약간 하게 하는 글을 쓰고 싶다.

이번 연재에서, 할 수 있다면 찌르고 싸매는 글을 쓰고 싶었다. 찌르기만 하지 않고, 덮어놓고 싸매기만 하는 것도 아니고, 찌르고 동시에 싸매는 글. 찌르기 위해 누구보다 먼저 나를 찌르게 됐기에 울 수밖에 없었던 것 같다. 목회자와 교회를 비판할 수밖에 없는데, 남편이 목회자다. 교회를 비판했는데, 내게 교회는 아버지이고 엄마다. 부디 독자들을 찌르는 것에 그치지 않았기를 바란다.

**연재하면서 책 제목과 저자 이름을 비중 있게 인용했다.**
**의도적으로 인용을 많이 넣었다고 들었다.**

어떤 의미로든지, 나처럼 길을 못 찾고 영적 여정에서 방황했던 분이 계실 것이다. 나는 그 길을 독서로 뚫고 왔다. 막막하고 아무도 안내해 주지 않을 때, 그다음에 무엇이 있는지 내게 알려 준 것이 책이고 작가였다. 당시『책만 보는 바보』(보림)라는 책을 보았다. 그때는 내 모습이 그랬다. 길도 찾을 수 없고, 모든 것이 의미 없게 느껴질 때 다가온 저자들과 친구가 됐다.

내 글이 얼마나 의도한 만큼 가닿겠는가. 내가 이 책들을 보면서 길을 찾아왔으니, 혹시 길을 찾으시는 분이 글을 읽다가 인용한 책을 보고 찾아 읽을 수 있지 않을까 싶었다. 나는 독서를 하면서 길을 발견했다. 내 글을 읽는 분들이 글에 나와 있는 책들을 읽기 바라는 마음에서 일부러 넣었다. 글에서 소개했고, 나를 안내한 저자들은 내가 한 방황과 고민을 앞서서 한 사람들이다. 이를 단지 책 내용이 아니라 행간에서 읽어 낼 수 있었다.

나는 삶의 문제와 고통을 해결하는 방식으로 책을 읽으니까, 한 저자가 마음에 들어오면 그가 쓴 거의 모든 책을 읽는다. 전작을 읽자고 결심한 적은 없는데, '이분은 어떻게 이런 생각까지 하게 됐을까' 궁금하니까 책을 찾고 신간이 나오면 자연스럽게 읽은 것 같다. 인간관계를 맺는 방식으로 책을 읽어 왔다. 저자를 좋아하게 되고, 함께 보내는 시간이 많아지며, 깊이 알게 되고 더욱 친밀해지는 듯하다.

**본인의 독서 여정을 소개한다면. 책을 읽기 시작한 계기가 있었나.**

어렸을 때부터 책을 좋아했던 것 같다. 아버지가 만화책은 못

읽게 하셨다. 대신 '소년 소녀 전집'은 허락해 주셨다. 대학에 들어가서 사회과학 책들을 처음 접했다. 5·18 민주화운동 관련 책을 대학교 1학년 때 읽으면서 충격을 받았다. 관련 사진도 보고 재판 과정 관련 책을 읽으면서, 몰랐던 세계에 눈을 떴다. 사회과학 책을 통해 비로소 두 눈을 뜨고 세상을 보게 된 것이다.

또 다른 하나는 여성학 책이었다. 여성학이 대학교 필수 과목이었다. 지금은 쉬운 페미니즘 책이 많이 나와 있지만, 당시에는 책이 별로 없어서 잘 못하는 영어로 원서를 읽기도 했다. 어렸을 적부터 의문을 품고 있었던 이야기, 누구도 설명해 주지 않은 이야기가 담겨 있었다.

초기 인생 저자로 래리 크랩이 있다. 내가 운영하는 블로그 이름 '지상에서 가장 안전한 곳'도 이분 책 제목이다. 초기 글쓰기에도 영향을 받았다. 가장 충격을 받은 책은 『영적 가면을 벗어라』(복있는사람)이다. 어릴 적 보수 신앙 속에 있을 때 망치로 나를 깨 준 책이다. 내게 가장 큰 자부심이었던 신앙 행위들이 영적 포장지였음을 깨우쳐 줬다. 발가벗겨진 기분이었다. 더불어 내 가장 깊은 곳에 있는 영적 목마름의 실체를 확인하게 됐다.

『영적 가면을 벗어라』 이후 교회에 대해 가장 깊이 절망했을 때 『교회를 교회되게』(두란노)를 읽었다. 내 고민과 너무 맞는 책을 내 주셔서 정말 깜짝 놀랐다. 이 책에 교회를 향한 저자의 회의가 정말 많이 담겨 있다. 래리 크랩 책은 신간이 나오면 바로바로 읽는다. 지금은 다소 소원해졌다. 나오면 누구보다 먼저 주문해서 읽지만, 지금의 나는 처음 그분과 만났을 때와 다른 지점에 와 있는 것 같다는 생각이 든다.

헨리 나우웬도 빼놓을 수 없다. 나우웬 신부님 책은 꾸준히 읽는다. 갈수록 남성들이 쓴 책은 못 읽겠다. 모든 남성이 그렇다고 말할 수는 없겠지만 예전에 좋아했던 저자들인데도, 남성 특유의 가르치려는 뉘앙스가 담긴 책들은 못 읽겠더라. 그런 면에서 나우웬 신부님은 예외다. 어느 저자들 책을 보면, 흔히 말하는 '맨스플레인'이 묻어 있다. 나는 많이 알고 있고 지적이기 때문에 가르쳐야 한다는 태도를 갖고 글을 쓰는 듯하다. 강의·설교가 주로 그렇지 않나. 가르치는 글, 설명하는 글에 취약하다. 잘 못 읽는다.

학부에서 유아교육을 공부해서 아이 발달이나 부모 자녀 관계에 관한 책을 읽기도 했다. 그때 읽었던 책이 요즘 관심 갖고 있는 '학대'를 이해하는 데 도움을 주고 있다. 종교 중독, 영적 학대, 성폭력 생존자가 겪은 학대 등등. 그때를 복기하면서 지금 다시 읽고 있다. 이후에는 심리 치료를 공부하면서 심리학, 특히 융 심리학에 관한 책을 열심히 읽었다. 마음 공부에 관해서는 로버트 존슨이라는 융 심리학자를 큰 선생님으로 삼고 있다.

**남편과 함께 쓴 『와우 결혼』(조이선교회)을 보면, 손봉호 교수와
이현주 목사 책을 통해 지금의 남편과 만났다는 이야기가 있더라.**

대학생 때 한창 책을 읽었는데, 그때 본 책들의 두 가지 축이 손봉호 교수님 책과 이현주 목사님 책이었다. 손 교수님은 보수의 원로이시다. 윤리적 삶에 대해 높은 기준을 제시하는 도덕 선생님 같았다. 이현주 목사님은 당시 내게 충격적으로 느껴질 만큼 자유로운 신학을 구사하셨다. 그분의 글은 충격 이상으로 통쾌했다. 내가 결혼이 늦어졌는데, 결혼 못하는 이유를 엄마는 책 읽고 공부하는 것 좋아하는 데서 찾았다. 나는 내가 결혼할 수 없는 이유가 손봉호 교수님과 이현주 목사님을 동시에 아우르는 사람을 만날 수 없기 때문이라고 생각했다.

그런데 교회 청년부에 새로 들어온 친구가 주보에 글을 하나 썼는데, 그 글에 손봉호 교수님을 가장 존경한다는 내용이 있었다. 나는 '어? 손봉호 교수님을?'이라고 생각했고, 그 친구는 내가 주보에 낸 이현주 목사님을 인용한 글을 보고 놀랐다더라. 예장고신 교회였는데 이현주 목사님을 인용했으니까. 이 친구도 역시 똑같이 두 분을 좋아하고 읽었던 것이다.

둘 다 손봉호 교수님과 이현주 목사님을 존경한다는 사실

을 확인하면서 교제하기 시작했다. 그런데 서로 너무 결이 달랐다. 남편은 생각보다 더 이현주적이었고, 나는 더 손봉호적이었다. 생각 차이로 갈등이 있었다. 존 스토트(John Stott)의 책 『현대를 사는 그리스도인』(IVP)으로 검증해 보자 해서, 같이 읽다가 헤어졌다.

나는 가장 고통스러울 때, 독서를 통해 도피한다. 남편과 연애하다 헤어졌을 때가 성인이 된 후 가장 힘들었던 순간이다. 고통의 순간들을 5·18 민주화운동을 다룬 임철우 작가의 다섯 권짜리 소설 『봄날』(문학과지성사)을 읽으면서 보냈다. 내 고통보다 더 큰 고통을 책에서 계속 만나면서 고통을 상대화하는 방식으로 가장 아픈 순간을 방어했다. 나도 모르게 개인적으로 고통스러운 순간에 조금 더 사회적 고통에 잇닿으려 하는 듯하다.

그러면서 나 자신을 조금 더 객관적으로 볼 수 있었다. '내가 사실 손봉호 교수님 쪽에 많이 가까웠구나' 하면서. 그때는 내가 '우'고 남편이 '좌'였다. 그런데 결혼하면 오히려 서로 바뀐다고, 이제는 내가 남편에게 "너무 보수적으로 변한 것 아니냐"고 농담을 던진다. 그렇게 남편과 만났다가 헤어지고 다시 만나 결혼하고 내내 살면서 각자 관심 분야 책을 읽으며 좋은 책 친구로도 지내고 있다.

**결혼하고 목회자 아내가 된 뒤 '신앙 사춘기'를 겪으면서 가톨릭 영성을 접했다고 들었다.**

단지 목회자의 아내가 됐기 때문은 아니다. 교회에 실망하고 이전에 드리던 기도로 내 실존을 지탱할 수 없다고 느꼈을 때, 외적 삶이 아닌 내적 여정으로 안내하는 에니어그램과 만났다. 가톨릭 기관에서 에니어그램을 배우면서 안셀름 그륀, 토머스 키팅(Thomas Keating) 등이 쓴 가톨릭 영성에 관한 책도 많이 읽었다.

남편과 예장고신 교회에서 만났지만, 아버지가 예장합동 목사였고, 내내 분위기가 비슷한 교회를 다녔다. 가톨릭 영성, 철학 상담 등을 가톨릭 기관에서 배웠는데, 주변 교인들에게는 내가 뭘 공부하는지 얘기하지 못했다. 지금은 떳떳하게 밝히지만, 몇 년 전만 해도 피정을 다닌다는 사실과 가톨릭 서적을 읽는다는 말을 하지 못했다. 남편이 목회하고 있기도 했고, 교회 분위기 자체가 얘기할 수 없는 분위기였다.

양쪽에 끼어서 정말 좋았다. 가톨릭은 오랜 전통이 있는 영성이니까. 가톨릭이라기보다 종교개혁 이전에 우리도 함께 누린 영적 유산들인데, '내 고민이 여기 맞닿아 있구나' 하는 것을 확인했다. 치유적이었고 전율했다. 이미 다른 그리스도인들이 1천 년 넘게 한 고민이 아닌가. 하지만 정작 가톨릭 문화에 들어가 피정을 하면 나는 완전히 이방인이다. 외롭기도 했다. 나를 고아같이 만들어 놓은 교회가 미웠다. 가톨릭과 개신교 사이에서 마음이 어렵기도 했다.

개신교 안에 성찰의 영성이 잘 없는 듯하다. 성경 공부도 분석하고 주입받는 식이다. 균형 잡힌 좋은 성경 교사라도, 스스로 성찰하도록 안내하지는 못한다고 생각한다. 가톨릭 영성에서 주목하는 것은, 잘 배우고 읽었을 때 성찰할 수 있는 여백이 있다는 점이다. 가톨릭의 모든 신학이 그렇지는 않겠지만, 이런 부분에 꽂혔다. 내적 여정 세미나를 해 오면서 그런 가톨릭 신자들과 마음을 나누며 많이 배웠다. 60대의 교회 권사님 정도 연배이신 분인데도 자기 성찰이 있다. 성찰하는 기도와 정직한 고백이 있었다.

책을 읽지 못한 시기도 있다. 아이들 어릴 때, 거의 몇 년은 책을 잘 못 읽었다. 그때는 육아 일기를 계속 썼다. 새로운 생명이 주는 신선한 소재들이 있으니까. 그 소재들로 글을 만들고, 어떻게 하면 재밌게 쓸까 하면서 에너지가 그런 쪽으로 가서 '책을 읽지 않아서 힘들다'는 느낌은 받지 못했다. 돌이켜 보니까 책 안 읽고도 잘 살았다는 생각이 들더라.(웃음)

**'정신실의 신앙 사춘기' 연재에서 언급한 책 중 특별히 소개할 책이 있다면.**

스캇 펙 책은 몇 년에 한 번씩 다시 읽는다. 외웠다 할 정도로 읽었다. 스캇 펫 책들은 어느 페이지에 어떤 내용이 있는지 정도까지 알게 된 것 같다. 스캇 펙의 '길' 시리즈가 있다. 『아직도 가야 할 길』·『끝나지 않은 여행』·『그리고 저 너머에』(열음사)까지 세 권. 특히 『거짓의 사람들』과 『스캇 펙 박사의 평화 만들기』(열음사)는 정말 소중한 책이다. 한 번씩 길을 잃었을 때 돌아볼 수 있게 하는 책이다.

스캇 펙은 과학적인 질문을 던지면서 인간의 마음을 끝까지 의심해 본다. 실제로 많은 사람을 만나 상담하면서 마음에 대해 끝없이 의심해 본 뒤 그 끝에서 만진 신앙이, 이분에게는 종교관, 깊고 넓은 의미에서 영성이라는 생각이 든다. 그래서 이번 연재에서 나는 거의 매회 『거짓의 사람들』을 마음에 많이 깔고 있었다.

리처드 로어 신부의 『벌거벗은 지금』(바오로딸)도 있다. 이분은 에니어그램을 가르치는 분이다. 『내 안에 접힌 날개』가 이분이 낸 에니어그램 책이다. 이분은 통합의 영성에 주목한다. 우리가 기독교 세계관을 공부하면서 많이 배우지 않나. 교회는 거룩하고 성은 속되다는 등 '하면 안 되는 것들'을 많이 배운다. 이원론을 넘어서는 삶은 거의 못 배운다.

리처드 로어 신부는 이원론을 넘어서는 다른 눈으로 일상을 바라본다. 때문에 글이 참 쉽고도 어렵다. 그래서 책 소개를 하면 "어려워서 무슨 말인지 모르겠어요"라고 하거나 "너무 뻔한 얘기예요"라고 말한다. 어렵기도 하고 가볍게 느껴지기도 하는데, 이분 책도 이번 연재를 하면서 마음에 많이 품고 있었다.

카렌 호나이라는 여성 정신분석가가 있는데, 이분이 사람을 보는 관점이 있다. 누구에게나 치유 인자가 있다는 것이다. 결핍된 환경에 놓이지 않는다면 모든 사람은 각자 독특한 존재로 꽃피운다고 말한다. 참나무 씨앗이 참나무가 되고, 나리 씨앗이 나리꽃이 되는 것처럼.

문제는 환경인데, 부모의 종교적 학대, 가정적 학대가 없다면 애쓰지 않아도 가장 아름답게 자기를 발현한다고 말한다. 환경의 왜곡이 문제라는 것이다. 나는 자기를 가장 자기답게 꽃피울 수 있게 하는 것이 궁극적으로는 영성이라고 생각한다. 카렌 호나이 책을 이런 방식으로 읽고 도움을 많이 받았다.

이번 글을 쓰면서 실질적으로 많이 도움을 받은 책은 『해로운 신앙』이다. 이 책뿐 아니라 영적 학대에 천착해 연구한 스티븐 아터만의 책을 많이 참고했다. 종교 중독을 많이 다룬 책은 아니지만, 제럴드 메이의 『중독과 은혜』를 읽으면서 종교 중독에 대해 정리할 수 있었다.

『신앙, 집착에서 참열정으로』도 있는데, 세 분이 썼다. 마태오 린, 쉐일라 파브리칸트 린, 데니스 린. 부부와 형제지간이다. 한 명은 가톨릭 신부다. 치유 작업을 하고 글을 쓰는 분들인데, 이분들 책도 빠짐없이 읽었다. 하나님 형상으로서 인간의 마음·심리·영성에 대해 아주 쉬운 언어로 풀어낸다. 그림책도 있다. 자기 경험 속에서 인간 마음의 핵심을 관념적이지 않고 쉽게 쓰시는 분들이다. 세 분의 책을 소중히 읽고 있다.

**지금 신앙 사춘기를 겪는 분들에게 하고 싶은 말이 있다면.**

마지막 글에서 "어두운 숲"이라는 표현을 썼다. '시인과촌장' 노래 중 '숲'이라는 노래에 이런 가사가 나온다. "숲에서 나오니 숲이 보이네 외롭고 외롭던 숲. 음- 내 어린 날의 눈물 고인", "저 숲에서 나오니 숲이 느껴지네 어둡고 어둡던 숲. 음- 내 젊은 날의 숲." 숲에서 걷다가 숲을 통과하면 반드시 빛을 만난다는 사실을 나는 경험적으로 누구에게든 말해 줄 수 있을 것 같다. 아주 막막하고 한 발 디디면 낭떠러지일지 무엇일지 보이지 않는 깜깜함인데, 가다 보니 어느새 빛이 새어 들어오는 데가 있더라.

끝이 있고 사춘기 너머에도 하나님이 계시다는 것이다. 그런 의미에서 '사춘기'라고 이름 붙였다. 나는 신앙 사춘기 안에 있을 때 하나님이 안 계시는 것처럼 느껴져서 정말 힘들었다. 그런데 그 너머에도 하나님이 계시더라.

우리가 고민하는 것들은 분명 누군가 앞서 고민했고, 신앙 여정이든 인생 여정이든 써 놓은 책이 반드시 있다. 찾기만 하면, 상담을 받고 친구나 선배를 만나서 물어보는 것보다 더 깊은 성찰에서 나온 답이 분명히 책 어딘가에 있을 것이다. 나에게 독서는 그것을 발견하려 했던 과정이다. 반드시 있다는 말씀을 드리고 싶다.

진행·정리 강동석

부록 2

## 나는 왜 목회를 그만두는가

다음 주일 설교를 끝으로 ○○교회를 사임합니다. 사역지를 옮기기 위함이 아닙니다. 당분간 목회를 쉬기로 했습니다. 이 결정은 순간적이거나 충동적인 것이 아닙니다. 오랜 시간 기도하며 고민한 결과입니다. 사실 담임목사님과는 작년 10월에 의논하여 작년 말을 끝으로 교회를 사임하기로 결정하였습니다. 하지만 교회의 필요에 따라 잠시 사임을 보류하였고, 올해 7월에 후임자가 결정되고 사임을 하게 되었습니다.

최소 2년 이상 목회 현장을 떠나서 목사로서의 소명에 대해 숙고해 보려 합니다. 그리고 지금 떠남을 결심한 것처럼, 제 마음과 환경에서 돌아옴에 대한 자연스러운 하나님의 인도하심이 있을 때 돌아오려 합니다. 저를 목사라 불러 주는 성도들과 저를 아끼는 동역자들이 있었기에, 몇 줄 글로 다 표현할 수는 없지만 이 시점에서 제 소회를 밝히는 것이 도리라고 생각합니다. 무엇보다 저 자신을 위한 생각의 정리가 될 수도 있겠지요.

작년부터 마태복음 6장 '외식하지 말라', 야고보서 3장 '선생이 많이 되지 말라'는 두 메시지가 제 마음 깊은 곳을 흔들었습니다.

사실 저는 다른 목사에 비해 자유분방하다는 평을 자주 듣습니다. '목사님은 목사 같지가 않아요'라는 말을 많이 들었지요. 그럼에도 불구하고 작년 8월, 마태복음 6장으로 설교하며 돌아본 저의 신앙은 타인에 대한 과도한 의식, 그리고 외식투성이였습니다. 목사니까 모범을 보여야 한다는 강박 때문일 겁니다.

이러한 강박은 의식, 무의식중에 스스로에게 지운 '(한국교회에서의) 목사의 십자가'입니다. 한국교회의 정서를 감안할 때, 목사는 '보통 인간'이 아니라 어느 정도 신격화되어 버린 부류입니다. 저를 비롯한 수많은 목사들은 스스로 감당하지도 못할 십자가를 지고 휘청거리고 있다는 생각이 듭니다.

이런 생각을 하다 보니 저 자신에 대한 연민이 생겼습니다. 목사의 아들로 태어나 목사가 된 저의 삶은 평생 남의 눈을 의식하며 살아온 셈이지요. '너는 목사 아들 아니냐', '나는 교역자가 아닌가.' 언제나 제 안에 있던 생각들입니다. 잘 알지도 못하면서 아는 척, 깨닫지 못했으면서 깨달은 척, 깊이 알지도 못하면서 그런 척, 무엇보다 엉망인 삶을 감추려 안 그런 척 하는 것은 매우 괴로운 일입니다.

이런 면에서 '골방으로 들어가라'는 주님의 말씀이 새롭게 들렸습니다. 목사입네 하며 남의 눈치 보다가 하나님을 잃어버리기 전에 골방에 들어가야겠다는 생각을 했습니다.

그간 저는 이런 고백을 자주 해 왔습니다. "하나님께서 나를 목사로 세우신 이유는, 그러지 않으면 도무지 신앙생활을 제대로 할 것 같지 않아서일 것입니다." 맞습니다. 목사라는 타이틀은 저를 변화시키고 성장하는 데 아주 중요한 역할을 했습니다. 어쩌면 목사였기 때문에 이 정도 사람 꼴 하며 사는지도 모릅니다. 하지만 이제는 아닌 것 같습니다. 목회를 접지 않는 한, 외식하는 신앙을 버리기는 힘들 것 같습니다.

예를 들면 이런 겁니다. 새벽 기도회 설교를 마치면 강단에서 개인 기도를 합니다. 어떤 날은, 아니 거의 모든 날이 그렇습니다. 기도를 마쳤는데도 강단을 내려오지 못합니다. 목사가 기도도 안 한다는 비난이 싫어서 그런 거지요. 너무 빨리 내려가면 혹시 누가 상처받지 않을까 위안도 합니다. 기도를 마쳤음에도 그 자리에 앉아 시간을 보내는 저의 모습, 한심하기도 비참하기도 했습니다.

예배, 찬양, 묵상도 마찬가지입니다. 해야 하기 때문이 아니라 하고 싶어서 해야 합니다. 지금이 골방으로 들어갈 때입니다. 지금보다 훨씬 경건하기 위함은 아닙니다. 저에게 이런 질문을 던지는 겁니다. '목사가 아니어도 이렇게 신앙생활 열심히 할 거냐?' 삶으로 답을 찾아보도록 하겠습니다.

저는 성경을 읽을 때뿐 아니라, 소설책을 읽을 때에도 '어떻게 설교할까', '어떻게 가르칠까' 생각합니다. 아마 목사라서 가지게 된 직업병인 것 같습니다. 작년 8월 야고보서 3장 1절 '선생이 되지 말라'는 말씀을 묵상하던 중 이 직업병의 증상을 새삼 깨달았습니다. 성경 말씀을 읽으면 나를 돌아보고 나의 삶에 적용해야 하는데, 저에게는 남을 가르치려만 드는 못된 습관이 깊이 배어 있습니다.

심지어는 선생이 되지 말라는 이 말씀을 묵상하면서도 뭐라고 가르칠까, 뭐라고 설명할까 고민하며 '선생 노릇' 하려는 저를 발견하고는 약간의 좌절감마저 들었습니다. 설교하기 위함도 아니고 가르치기 위함도 아닌, 순수하게 말씀을 묵상하는 일이 저에겐 매우 힘든 일이 되어 버렸다는 걸 발견했습니다. 사임 날짜가 확정된 지난 주간, '그냥' 말씀을 읽었습니다. 너무 좋았습니다. 이젠 설교하고 가르치는 자가 아니라 듣고 배우며 살고 싶습니다.

저는 오랫동안 설교는 명쾌해야 한다고 생각했습니다. 평생 제가 들어 온 설교가 그랬습니다. 조직신학적인 선명한 정리, 확고한 신학적 입장, 명확한 규범 등을 기반으로 '하나님은 이런 분이다'라고 설파하는 그런 설교 말입니다.

그런데 예전에 잘 알고 있다고 생각했던 것들이 갈수록 희미해지고, 어려워지고 있습니다. 신앙인의 입장에서 저에게는 단순하지만 매우 중요한 신앙적 의문들이 많습니다. 구원, 지옥, 성화, 고난, 하나님의 다스리심 등 저는 이런 질문에 대한 시원한 답을 찾지 못하고 있습니다. 정확히 말하면 제가 어떤 입장에 서야 하는지 모르겠습니다. 이런 상황에서 매주 혹은 매일 설교를 해야 하는 제겐 참으로 곤란한 일입니다. 그런데도 설교를 할 때마다 (앞서 말한 것처럼) 알지도 못하면서 아는 척합니다. 적잖이 혼란스러우면서도 숨기게 됩니다.

더 큰 문제는, 설교를 할수록 '말'이 늘다 보니 뻔뻔하게 '잘' 해내는 겁니다. 저의 나이와 주변 상황을 감안하면 수년 안에 담임목사가 될 것 같습니다. 만약 이렇게 준비되지 않은 상태에서 그리된다면 저는 많은 면에서 스스로를 속이고 타협하게 될 것입니다. 가장 중요하게 생각하고 고민했던 문제들을 외면하고 타협한다면, 앞으로 저의 타락은 불 보듯 뻔합니다. 만약 다시 목회와 설교를 해야 한다면, 정리되지 않은 많은 문제들에 대해 해결할 시간이 필요할 것 같습니다.

지난 5년간 교회 문제 상담을 해 왔습니다. 열정이 있었고 건강했기에 보통 사람들이 감당하기 힘든 양의 상담을 기꺼이 했습니다. 거기에 더해 교회에서도(타 교인까지) 목회 상담이 꽤 많았습니다. 작년부터 정신적, 육체적으로 힘에 부쳤습니다.

저는 기질적으로 상담을 하면 감정이입을 심하게 합니다. 내담자의 아픔을 고스란히 안고 집으로 돌아옵니다. 머릿속에는 상담했던 이들에 대한 걱정, 해결책을 찾기 위한 고민이 가득 차 있었습니다.

작년부터 증상이 나타나기 시작했습니다. 상담 전화벨 소리가 울리면 두려워졌습니다. 운전 중 다른 사람과 언쟁도 자주 하게 되었습니다. 수심 가득한 얼굴로 귀가하면 아내가 눈치를 볼 정도로 예민해졌습니다. 또한 아픔을 겪고 있는 교인들에게 아무런 도움이 되지 못했을 때 느끼는 무기력감, 자책감으로 많이 힘들었습니다.

정신적 안식이 필요한 시기입니다. 저뿐 아니라 우리 모두 이 땅의 순례길을 가면서 지쳐 있다는 것을 압니다. 피곤하고 참된 쉼이 없어 순례길이라 하는 것이지요. 그런 의미에서라도 앞으로 남은 제 인생의 순례길을 더 잘 걸어가기 위해서는 한 번의 쉼표가 절실하다는 생각을 합니다.

작년, 목회를 접기로 결정할 당시는 평생 목회 활동을 접으려 생각했습니다. 저는 '아들을 주시면 바치겠습니다'라는 서원 기도로 아버지의 환갑둥이로 태어난 자식입니다. '목사의 길'은 신앙적 의미에 더해 늙은 어머니의 소원이기도 했습니다. 그런데도 목사의 길을 버리려고 했던 데에는, 위에서 말한 이유와 함께 요즘 한국교회 지도자들이 보이는 행태를 볼 때 목사라 불리는 것이 부끄러움도 한몫을 했습니다. 부끄러울 뿐 아니라 싫었습니다.

하지만 올 초부터 시작된 새벽 묵상을 통해 다시 생각하게 되었습니다. 기억이 시작되는 어린 시절부터 지금까지의 여정에 대한 기억을 되살리며 저의 인생을 복기(復棋)하던 중 하나님의 인도하심을 다시 확인했습니다.

부모님의 서원을 거부하기 위해 방황도 많이 했습니다. 하나님께서는 기적과 같은 과정을 통해 저를 목사로 세우셨습니다. 그리고 저는 그 소명을 받아 목사 인생의 전반기를 달려왔습니다. 이제 한 템포 쉬고 저 자신의 뜻으로 목회를 선택할 때가 된 것 같기도 합니다. 모든 것을 열어 두고 다시 '평신도'로 돌아갑니다. 어떤 선택이든 하나님의 인도하심을 받고 싶습니다. 저를 위해 기도해 주시기 바랍니다.

뉴스앤조이는 교회 권력을 감시하고 소외된 목소리에 귀 기울이며 건강한 신앙을 돕는 개신교 독립언론입니다. 그리스도인들의 신앙 성숙을 돕는 출판 콘텐츠를 제작하기도 합니다.

**홈페이지** www.newsnjoy.or.kr
**페이스북** www.facebook.com/newsnjoy

## 신앙 사춘기 신앙의 숲에서 길 잃은 그리스도인들에게

**초판 발행** 2019년 6월 12일
**개정판 발행** 2022년 1월 12일

| | |
|---|---|
| **지은이** | 정신실 |
| **펴낸이** | 강도현 |
| **편집** | 강동석·김은석 |
| **펴낸 곳** | 뉴스앤조이 |
| **등록번호** | 제2016-000072호 |
| **주소** | 서울시 중구 퇴계로 36가길 97 1층 |
| **전화** | (02) 744-4116 |
| **이메일** | task@newsnjoy.or.kr |
| **ISBN** | 978-89-90928-51-1 |

ⓒ정신실, 2022

책값은 뒤표지에 있습니다.
잘못 만들어진 책은 바꿔드립니다.